Marcel Prost

Hacke voll!

Hemmungslose Säufer- und Kneipenwitze

Marcel Prost, Hackevoll! Hemmungslose Säufer- und Kneipenwitze
Copyright © Regionalia Verlag GmbH, Rheinbach
Alle Rechte vorbehalten.

Einbandgestaltung: Beata Salanowski für agilmedien, Niederkassel
Layout und Satz: paquémedia, Ebergötzen
Alle Bilder in diesem Buch aus den Archiven des Autors und des Verlages.

Printed in Poland 2015
ISBN 978-3-95540-190-0

www.regionalia-verlag.de

Inhalt

4 Vorwort

6 Wie das mit Luther wirklich war

12 Lieber eine dunkle Kneipe als ein heller Arbeitsplatz

21 Am Tresen gibt's nur ein Thema, oder?

29 Lieber einen wackligen Stammtisch als gar keine Möbel

35 Frauen sind auch nicht besser

39 Wer nix wird, wird Wirt – Witze von und über den Mann auf der anderen
   Seite der Theke

44 In der Spelunke zur alten Unke

49 Kneipenphilosophen unter sich

52 Sperrstunde! Alle raus hier!

58 Da ist man blau – und dann kommen die Herren in Grün!

66 Komm du mir heim!

71 Daheim trinkt sich's am Schönsten

74 Alkohol im Alltag

83 Ganz privat: Suff kommt in den besten Familien vor …

86 Kindermund

88 Ein paar Kurze, bitte!

91 So lacht man im Restaurant!

96 Kommt ein Säufer zum Arzt …

101 Tiere in der Kneipe – eine echte Viecherei

106 Gibt's ja gar nicht …

111 Und gleich noch ein paar Minderheiten

118 Und weil's so schön ist: Noch ein paar Witze über Ossis und Wessis

121 Kein Alkohol unter 18!

Liebe Leserin, lieber Leser,

klar: Man kann auch ohne Alkohol lustig sein. Aber wir wollen mal lieber auf Nummer sicher gehen! Deswegen ist dieses Buch entstanden.

Der ein oder andere mag sich fragen, ob es politisch korrekt ist, über eine Sucht Witze zu machen. Aber es gibt Dinge im Leben, die erträgt man nur mit Humor. Oder eben mit Alkohol. Schon 1849 diagnostizierte der Arzt Magnus Huss Alkoholismus als Krankheit. Ausgerechnet ein Schwede! Wo doch jeder weiß, dass die Skandinavier am meisten von allen saufen! Heute hat etwa jeder zwölfte Todesfall in Europa mehr oder weniger mit Alkohol zu tun. Wenn wir uns also mit diesem Buch über den übermäßigen Genuss von Schnaps, Wein oder Bier lustig machen, ist das zwar nicht politisch korrekt, aber es trifft wenigstens keine allzu kleine Minderheit.

Klarer Fall: Gesoffen wurde schon immer. Die ersten, die Reisenden und Hilfesuchenden die Möglichkeit gaben, aushäusig zu übernachten (und zu saufen), waren bezeichnenderweise Klöster. Das älteste, 803 erstmals urkundlich erwähnte Gasthaus in Mitteleuropa ist denn auch der Stiftskeller des Klosters St. Peter in Salzburg. Das Kloster selbst gilt als ältestes noch bestehendes seiner Art im deutschen Sprachraum.

Gasthäuser gab – und gibt – es in vielerlei Ausprägungen. Vom Fünf-Sterne-Restaurant bis zur simplen Eckkneipe findet sich alles. Die Bezeichnung „Kneipe" lesen wir übrigens erstmals bei Christian Wilhelm Kindleben (1748–1785), einem Theologen und Schriftsteller, berühmt geworden durch seine Studentenlieder. Dass er nur 37 Jahre alt wurde, mag nicht zuletzt daran gelegen haben, dass er einen Großteil seines Lebens in eben jenen Etablissements zubrachte, die er beschrieb und besingen ließ. In „Gaudeamus Igitur", dem wohl berühmtesten und von ihm bearbeiteten Studentenlied, dichtet Kindleben, frei übersetzt: „Lasst uns, weil wir jung noch sind, uns des Lebens freuen!"

Dass es dazu, wie eingangs erwähnt, Alkohol braucht, ist kein Muss, aber erleichtert die Sache ungemein. Am Schönsten lässt es sich in Gemeinschaft bechern – in Wirtshäusern, Schänken, Schwemmen, Spelunken, an Stehimbissen allemal, den niederen ihrer Zunft. Getreu dem Motto: „Was wir essen, können wir auch trinken", finden wir hier überall Stammtische, die den so genannten Stammkunden vorenthalten sind und an denen reichlich Hochprozentiges fließt. „Und wenn, wie so oft, ein Stammgast stier (nicht flüssig) is, gibt er (der Kellner) ihm voll Diskretion Kredit", sang schon der gute alte Hans Moser in seinem melancholischen Wienerlied „Sperrstund is".

Doch auch in den eigenen vier Wänden wird zunehmend gebechert. Dabei ist es beileibe längst nicht mehr nur ein Privileg von Männern, tief ins Glas zu schauen. Früher, als der Vater seinen Nachwuchs nicht selten mit Krug oder Kanne ins Wirtshaus schickte, um ein paar Liter Bier heimzuholen, versuchte sich dieser alsbald ebenfalls mehr oder weniger heimlich am kühlen Nass.

Lange Rede kurzer Sinn: Gesoffen wurde schon immer und überall. Die Namen der Berühmtheiten, deren Leben vom Alkohol bestimmt wurde, sind Legende. Nicht umsonst lautet der kürzeste Alkoholikerwitz: „Gehen zwei Schriftsteller (Schauspieler, Sänger etc.) an einer Kneipe vorbei..."

Zu ihrer Trunksucht bekannten sich – um nur einige zu nennen – Frank Sinatra, Dean Martin, Liza Minelli, Robert Mitchum, Don Johnson, Mel Gibson, Keith Richards, Gérard Depardieu, Eric Clapton, David Hasselhoff, Joe Cocker, Peter Maffay, Chris Howland, Harald Juhnke, Günter Pfitzmann, Johannes Mario Simmel und und und. Nach Betty, der Frau des amerikanischen Präsidenten Gerald Ford, wurde sogar eine Suchtklinik benannt.

Der Schriftsteller und Literaturnobelpreisträger Ernest Hemingway wurde vom Saufen derart depressiv, dass er sich 1961 das Leben nahm. Elizabeth Taylor und Richard Burton, das einst berühmteste Schauspielerehepaar der Welt, dürfte in den 60er- und 70er-Jahren summa summarum häufiger betrunken als nüchtern gewesen sein. Burton wurde schlappe 59 Jahre alt, seine bessere Hälfte machte diverse Entziehungskuren. Mehrere der anderen oben genannten Promis weilen ebenfalls schon längst nicht mehr unter uns; die Rolle, die der Alkohol dabei spielte, erzählt vielleicht eine andere Geschichte.

So, das alles muss als Vorwort und Alibi für unser Buch genügen. Wo nötig, kommen wir noch einmal ausführlicher auf einzelne Tatumstände zu sprechen. Doch im Prinzip geht es auf den folgenden Seiten schlicht und einfach darum, Ihnen Spaß zu bereiten und Sie zum Lachen zu bringen. Unsere Witze spielen in der Kneipe, in den heimischen vier Wänden, sie handeln von Mann und Frau, sie sparen den Kindermund nicht aus, mitunter kommen sie tierisch daher oder gehen ein ganz klein wenig unter die Gürtellinie. Manchmal haben wir den Holzhammer rausgeholt, manchmal geben wir uns subtil. Da sich bekanntlich über Humor nicht streiten lässt, können wir es sowieso nicht jedem recht machen. Und versuchen das gar nicht erst.

Deshalb wünschen wir Ihnen einfach viel Freude mit diesen Witzen rund um den edlen Tropfen. Irgendwas wird sicher auch für Sie dabei sein. In diesem Sinne: Auf Ihr Wohl! Und: Lachen ist gesund!

Mit promillehaltigen Grüßen!

Ihr Marcel Prost

Wie das mit Luther wirklich war

Beginnen wir dieses Buch mit ein paar Witzen, die in dem, was sie erzählen, schon einige Jährchen auf dem Buckel haben. Doch mit guten Witzen ist es ähnlich wie mit gutem Wein oder gutem Whisky: Das Alter kann ihnen nichts anhaben. In diesem Sinne: Zurück in die Vergangenheit...

Winter 1517. Martin Luther trifft sich mit seinen beiden besten Freunden. Meint einer der beiden: „Sagt an, Bruder Martin, habt ihr nicht Lust, mit uns mal wieder einen gepflegten Schoppen zu lehren?"
„Ach, Freunde, das ist gut gemeint", erwidert der fromme Mann. „Aber ich muss mich des edlen Tropfens doch ein wenig enthalten!"
„Aber warum denn", entgegnet da der andere Freund, „wir hatten doch letztes Mal so einen heiteren Abend!"
„Ja", winkt Luther ab, „ihr beiden habt auch gut reden! Ihr seid einfach betrunken nach Hause gegangen! Aber ich habe in meinem Rausche so ein paar Sätze an ein Kirchenportal genagelt und seitdem geht es bei mir drunter und drüber!"

Zwei alte Kutscher unterhalten sich. Sagt der eine: „Mein lieber Wunnibald, ich will euch ja nicht zu nahe treten. Aber von der ganzen Sauferei in letzter Zeit habt ihr eine typische Säufernase bekommen. Wollt ihr nicht mal einen Blutegel draufsetzen, damit euer Gesichtserker danach nicht mehr gar so rot ist?"
„Oh, Freund Sigismund, ihr werdet lachen, aber das habe ich sogar schon ausprobiert", antwortet der Angesprochene.
„Und, hat es geklappt?"
„Ach, wie man es nimmt. Der Egel ist nach einiger Zeit runtergefallen. Gebracht hat es meiner Nase wenig, aber das Vieh hatte den Rausch seines Leben."

Ein betrunkener Offizier torkelt aus der Kneipe. In diesem Augenblick kommt ein Zivilist des Weges. Der Offizier wankt auf den Mann zu und brüllt ihn an: „Sind Sie der Obermüller?" Ehe der Angesprochene antworten kann, bekommt er auch schon eine Ohrfeige. Lächelnd nimmt er sie in Empfang.

Brüllt der Offizier: „Was grinsen Sie so blöd?"

„Ganz einfach: Ich finde es witzig, dass Sie sich so geirrt haben. Ich bin gar nicht der Obermüller!"

Eine schon ziemlich angetrunkene und unattraktive Marketenderin kommt in eine Hafenspelunke und lallt: „Hallo, meine Herren! Wer von euch Hübschen erraten kann, was für ein Tier ich dabei habe, darf eine Nacht mit mir verbringen!"

Bei diesen Worten zeigt sie auf ihre rechte Schulter, auf der ein Papagei sitzt. In der Kneipe wird es mit einem Schlag still, bis einer der Matrosen vorlaut ruft: „Ach, das ist doch sicher ein Esel, nicht wahr?"

Die Betrunkene glotzt ob des allgemeinen Gelächters ihren Vogel dümmlich an und sagt dann gedehnt: „Nicht wirklich." Doch mit einem Blick auf den jungen Matrosen erhellt sich ihre Miene und sie fährt fort:

„Ach, mein Jungchen, ich will mal nicht so sein. Deine Antwort kann man gerade noch gelten lassen!"

Zwei Veteranen starren an der Theke in ihr Glas. Sinniert der eine: „In vino veritas, das heißt: Im Wein liegt die Wahrheit. Das wussten schon die alten Römer."

Ein paar Sekunden Schweigen, dann erwidert der andere. „Ja, da hast du recht, schon klar. Der große Schwindel steckt ja meistens eher im Etikett."

Kurz nach Mitternacht stolpert der junge Student nach einem Korpstreffen aus der Kneipe. Dabei wird er von einem späten Spaziergänger angesprochen: „Ach, junger Mann. Wissen Sie nicht, dass Alkohol nur ein langsam wirkendes Gift ist?"

Darauf der Studiosus: „Ah, das macht doch nichts. Ich hab noch jede Menge Zeit."

Zwei wandernde Handwerksburschen kommen des Nachts aus einer Kneipe. Da fällt ihr Blick auf das Haus eines biederen Bäckermeisters, genauer gesagt auf das heraldische Wahrzeichen von dessen Zunft: eine goldene Brezel, rechts und links davon zwei Löwen. Ungestüm klopfen die beiden Betrunkenen den Bäckermeister aus seinen warmen Federn. Als dieser sich verschlafen und verärgert nach dem Grund der Störung erkundigt, meint der eine der Burschen: „Ach Meister, kommen Sie schnell heraus, zwei Löwen fressen Ihre Brezel!"

Wir befinden uns im tiefsten Transsilvanien. Kurz nachdem die Turmuhr Mitternacht geschlagen hat, treffen sich drei Vampire. Der erste fliegt los und kommt nach zehn Minuten wieder. Fragen die beiden anderen: „Wo warst denn du?"

„Seht ihr da die Kneipe? Die Gäste dort waren ziemlich betrunken, die haben nichts mehr gemerkt, da konnte ich ordentlich saugen!", antwortet der Vampir. Gleich anschließend fliegt der zweite los und kommt ebenfalls nach wenigen Minuten wieder zurück. Neugierig fragen die beiden anderen: „Und wo warst du?"

„Seht ihr da das Haus?", sagt der Vampir. „Da gab es eine Studentenfeier. Die waren so in Stimmung, die haben ebenfalls nichts mehr gemerkt. Das war ein Fest!"

Schließlich fliegt der dritte los, ist aber schon nach zwei Minuten wieder da, dazu blutverschmiert am ganzen Körper. Verdutzt merken die beiden anderen an: „Wo warst du denn, dass du so aussiehst?"

Sagt der Vampir: „Seht ihr die Laterne da vorn?"

„Ja, natürlich", sagen die anderen unisono.

„Ich habe sie leider nicht gesehen!"

In der guten alten Zeit, als in Bayern noch der Prinzregent regierte, trifft im Zug von München nach Dingharting der durch Ludwig Thoma bekannt gewordene Landtagsabgeordnete Filser auf einen im ganzen Umkreis berüchtigten Trunkenbold und Quertreiber. Der macht es sich ausgerechnet ihm gegenüber bequem und fragt unvermittelt: „Sagen Sie einmal, Herr Abgeordneter, was ist eigentlich Ischias?"

Der Politiker grinst in sich hinein und will die günstige Gelegenheit nutzen, der Nervensäge, die ihm schon des Öfteren so richtig auf den Geist gegangen ist, eins heimzuzahlen. Und so antwortet er:

„Ja, das kriegt man, wenn man immer so auf die Politik flucht, recht viel säuft und sich ständig vor der Arbeit drückt. Das ist auf jeden Fall eine ganz fürchterliche Krankheit, die man Zeit seines Lebens nicht mehr los wird und die immer schlimmer und schlimmer wird!"

Da lächelt der Säufer überlegen und meint: „Au, au, der arme Kerl! Ich hab nämlich gerade in der Zeitung gelesen, dass unser Herr Finanzminister so arg den Ischias hat!"

Etwa zur gleichen Zeit vor dem Königlich Bayerischen Amtsgericht: Der Angeklagte hebt zu einer Verteidigungsrede an:

„Ja mei, also, des war so, Herr Richter: Ich sitz ganz harmlos im Biergarten vor meiner Maß. Und plötzlich schnippt mir dieser Kerl einen Bierdeckel ins Gesicht. Ich schütte ihm aus Spaß mein Bier über den Kopf. Er haut mir aus Jux seinen Maßkrug auf den Schädel und ich ziehe ihm vergnügt ein Stuhlbein über die Nase. Da greift er sich schließlich den ganzen Tisch und kippt ihn um. Also alles ganz friedlich. Doch ehe wir uns recht versahen, waren wir ganz plötzlich mittendrin im schönsten Streit!"

Die gute alte Zeit gab es auch im Wilden Westen. Und auch da spielte der Alkohol durchaus eine tragende Rolle

Johnny kommt völlig betrunken aus dem Saloon gewankt und läuft in Schlangenlinien. Er hält den nächsten Cowboy an und fragt: „Wie komm ich denn hier zu Doc Murphy? Hab vor seinem Haus mein Pferd angeleint." Der Cowboy schaut Johnny lange an und sagt: „Oh Mann, das wird schwer für dich. Dafür musst du nämlich immer geradeaus gehen."

Mittag im Wilden Westen. Plötzlich kommt ein Pferd in die Bar und bestellt sich einen Drink nach dem anderen. Dabei heult es wie der sprichwörtliche Schlosshund. Der Wirt ist ziemlich genervt und er sagt zu seinem besten Stammgast: „Wenn du es schaffst, das Pferd zu beruhigen, kriegst du von mir 50 Dollar."
Der schweigsame Stammgast nickt, steht auf, schlendert zum Pferd hinüber und flüstert ihm kurz etwas ins Ohr. Das Pferd stellt kurz die Lauscher und fängt unvermittelt an, ohne Unterlass zu lachen. Der Barkeeper ist beeindruckt und löhnt wie abgesprochen seine 50 Dollar. Nach ein paar Minuten nervt ihn das Gewiehere jedoch genauso wie zuvor die Heulerei und er meint zu seinem Gast: „Okay, du hast dem Pferd das Weinen abgewöhnt. Wenn du das jetzt auch mit dem Gelächter schaffst, kriegst du nochmal 50 Dollar."
Das gleiche Spiel beginnt von vorne: Der Mann steht auf, spricht zum Pferd, anschließend gehen die beiden nach draußen, um nach einer Weile wieder reinzukommen. Das Pferd wirkt auf einmal völlig traurig, ordert wieder einen Drink nach dem anderen und starrt nur noch stumm vor sich hin. Der Barkeeper ist stärker beeindruckt denn je und fragt seinen Stammgast, wie der das nur hinbekommen habe.
Der antwortet: „Ganz einfach. Beim ersten Mal hab ich zum Pferd gesagt: ‚Meiner ist größer als deiner!', da hat das Pferd angefangen zu lachen. Und beim zweiten Mal sind wir vor die Tür gegangen und haben nachgemessen."

Kommt ein Mann mit gezücktem Revolver in den Saloon und brüllt: „Wer von euch hat etwas mit meiner Frau gehabt."
Ruf aus der Menge: „So viel Munition hast du gar nicht dabei, Kumpel!"

Ein Pferd galoppiert durch die Schwingtür des Saloons und bestellt sich an der Bar einen Cognac. Sagt ein Gast verwundert zum Barkeeper: „Das ist ja echt 'ne Nummer!"
Erwidert der trocken: „Da hast du recht! Sonst säuft der Klepper immer nur Whisky!"

Kommt ein Indianer in eine Bar und ordert ein Glas Feuerwasser. Auf der Schulter des Indianers sitzt ein hübscher bunter Papagei. Der Barkeeper staunt und fragt: „Der ist aber hübsch! Wo hast du den denn her?"
Antwortet der Papagei: „Ach, bevor ihr Weißen hierhergekommen seid, gab's Tausende von denen."

Wir schreiben das Jahr 1924, als in Amerika noch Alkoholverbot herrschte. Die Zeiten der Prohibition eben. Kommt eines Tages ein Patient zum Arzt und fragt diesen: „Können Sie mir keinen Whisky verordnen, Doc?"
„Doch, das lässt sich einrichten. Allerdings nur, wenn Sie vorher von einer Schlange gebissen worden sind."
„Was ist denn das für eine bescheuerte Regelung?"
„Fragen Sie mich nicht – ich hab mir das Gesetz ja nicht ausgedacht!"
„Na gut. Haben Sie denn eine Schlange da?"
„Ja, habe ich sogar."
„Na gut, hilft ja alles nichts. Dann soll sie mich eben beißen."
Da blättert der Arzt in einem dicken Buch. „Gut. Jetzt haben wir Anfang April. Kommen Sie am 12. August nachmittags um drei wieder. Bis dahin ist die Schlange leider ausgebucht."

Lieber eine dunkle Kneipe als ein heller Arbeitsplatz

Welcher fröhliche Zecher kennt das nicht: Man öffnet die Tür zu seiner Stammkneipe und fühlt sich gleich wie zuhause. Der Duft von abgestandenem Rauch (leider immer seltener), schalem Bier, der Lärm der Spielautomaten und der Espressomaschine, das Stimmengemurmel, aus dem die guten Kumpel bereits deutlich herauszuhören sind. Hier bin ich Mensch, hier darf ich's sein! Und in so einer Atmosphäre spielen Witze wie die folgenden.

Der Gast kommt zum ersten Mal in eine zwielichtige Kneipe und fragt den Wirt: „Servieren Sie auch Flaschen?"
Der Wirt spuckt auf den Boden, grinst und sagt: „Klar, ich bediene hier grundsätzlich jeden."

Ein junger Stotterer kommt in eine Bar: „I-i-ich hätte ge-ge-gerne ein Bi-Bi-Bi-Bi…"
„Willst du ein Bier?", fragt der Barkeeper.
„Ja", meint der junge Mann erleichtert.
Darauf der Barkeeper: „Geht klar: Beck's oder Budweiser?"

Peter und Heinz sitzen in der Kneipe und unterhalten sich. Sagt Peter: „Neulich hab ich einen echt schlimmen Artikel in der Zeitung gelesen. Da ging's um die Folgen von hohem Bierkonsum. Das war echt gruselig."
„Ach ja?", fragt Heinz etwas skeptisch.
„Aber ja doch! Und da hab ich das dann natürlich gleich aufgegeben."
„Du hast das Trinken aufgegeben? Aber trinkst du nicht gerade ein Bier mit mir?"
„Bitte wie kommst du denn drauf, dass ich nicht mehr trinke. Das Lesen hab ich aufgegeben!"

Ein Mann kommt in die Kneipe, ordert beim Wirt ein Helles und nimmt auch gleich einige Schlucke. Auf einmal kippt er jedoch den Rest des Biers dem Wirt ins Gesicht. „Oh mein Gott, das ist mir furchtbar peinlich! Tut mir wirklich leid, aber das ist so ein nervöser Tick. Den kann und kann ich einfach nicht unterdrücken."

„Okay, okay. Aber ich rate dir trotzdem, dir einen guten Psychiater zu suchen. Sonst gerätst du da schnell mal an den Falschen und das kann dann ganz schön wehtun."

Der Mann verlässt recht bald die Kneipe und kommt dann nach drei Wochen wieder. Er bestellt sich wieder ein Bier und kippt dieses dem Wirt erneut ins Gesicht. Dieser verliert etwas die Fassung und schreit: „Mensch, ich hab doch gesagt: Such dir einen Psychiater, verdammt!"

„Hab ich doch auch", meint der Mann darauf fröhlich.

„Hat ja wohl nicht geholfen, was?"

„Doch, na klar! Mir ist das Ganze jetzt gar nicht mehr peinlich!"

Drei Freunde unterhalten sich in der Kneipe über ihre kleinwüchsigen Großväter. Meint der eine: „Jungs, mein Opa ist so klein, der kann ohne Probleme und ohne sich zu bücken unter einem Barhocker durchlaufen."
Darauf der zweite: „Mein Opa kann das sogar bei einem normalen Stuhl, der ja doch noch mal eine Ecke kleiner ist."
Der dritte wird auf einmal ganz traurig und meint: „Mein Opa ist so klein, das glaubt ihr gar nicht. Vor zwei Wochen ist er beim Pflücken von Erdbeeren von der Leiter gefallen und hat sich einen Arm gebrochen."

Prahlt Manni beim Stammtisch: „Gestern hab ich im röhrenden Hirschen 49 Hotdogs gegessen!"
„Und warum hast du dann nicht gleich das halbe Hundert vollgemacht und noch einen Hotdog mehr gegessen?", will da sein Freund Hubert wissen.
„Ja bist du denn wahnsinnig? Ich werde mir doch wegen so viel Fleisch nicht den Magen verderben!"

Kommt Harry schon etwas betrunken in seine Stammkneipe und sieht am Tresen 10 Liliputaner sitzen. Er schaut verdutzt und fragt: „Was ist denn hier los? Ist der Kicker schon wieder kaputt?"

Karl ist schon wieder betrunken in seiner Kneipe. Er muss dringend aufs Klo, hat allerdings die Befürchtung, dass jemand sein Bier trinken könnte, wenn er gerade auf der Toilette ist. Also schnappt er sich einen Zettel, schreibt auf diesen „Ich hab ins Glas gespuckt" und hängt diesen an sein Bierglas. Er kommt vom Klo zurück, sein Bier ist noch da und der Zettel ebenfalls. Einziges Problem: Unter dem Zettel hängt ein neuer kleinerer Zettel, auf dem steht: „Ich auch."

Kevin kommt in die Kneipe und bestellt sich 18 Halbe. Der Wirt schüttelt den Kopf und fragt: „Geht klar, aber was willst du denn bitte mit 18 Bier auf einmal?"
„Das versteh ich jetzt nicht. An der Tür steht doch: Unter 18 kein Alkohol...?"

Sitzt ein Mann traurig und alleine in der Kneipe und starrt trübsinnig in sein Bier. Kommt ein großer Muskelprotz vorbei und trinkt ihm das Bier auf ex weg. Da fängt der Mann an zu weinen, worauf der Muskelprotz meint: „Mensch, jetzt fang wegen einem Bier doch nicht zu flennen an. Ich kauf dir auch ein neues."
Darauf der Angesprochene: „Darum geht es doch gar nicht! Weißt du, heute morgen hat mich meine Frau verlassen. Davor hat sie noch mein Konto geleert und mein Haus leergeräumt. Mein Chef hat mir gekündigt und ich wollte mich umbringen. Ich leg mich aufs Gleis und alle Züge fallen aus. Ich will mich erschießen und die Pistole hat Ladehemmung. Da kaufe ich mir von meinem letzten Geld ein Bier, kippe richtig massig Gift rein und dann kommst du und säufst es mir einfach weg!"

Sophia beobachtet in der Kneipe einen Gast, dem der Kellner den Schnaps immer direkt aus der Flasche in den Mund kippt. Sie wundert sich sehr, wird neugierig und fragt den Trinker, warum er das so macht. Meint dieser: „Ach, seit meinem Unfall trinke ich immer so."
„Oh, das tut mir leid. Was war es denn für ein Unfall?"
„Es fällt mir schwer, darüber zu reden: Aber ich habe mal einen Doppelten mit dem Ellenbogen umgestoßen."

Kommt ein schmächtig aussehendes Kerlchen in die Bar und meint: „Okay, Jungs. Ich hab heute echt beschissene Laune! Wenn mir jetzt also jemand komisch kommt, dann breche ich dem Kerl alle Knochen!"

Da steht auf einmal ein Kerl, über und über bepackt mit Muskeln und eingehüllt in eine Rockerjacke, von seinem Hocker auf und meint: „Was genau willst du hier nochmal machen?"

„Genau das, was ich gerade gesagt habe! Wenn uns jemand blöd kommt, dann brechen wir beide ihm einfach alle Knochen!"

Ein Besoffener zu seinem Kumpel: „Es heißt doch, man soll das Liebste in seinem Leben auf Händen tragen. Hab ich erst neulich gemacht. Ist aber erstaunlich anstrengend und schaut auch ziemlich dumm aus, wenn man den ganzen Tag eine Kiste Bier über die Türschwelle schleppt!"

Sitzt der geizige Hugo in der Kneipe und sieht entsetzt, wie eine Fliege auf seinem Bierglas landet und aus seinem Glas trinkt. Da packt Hugo die Fliege, schüttelt sie am Flügel und schreit: „Ausspucken! Sofort! Und zwar alles!"

Kommen zwei Kleinwüchsige in eine Bar und meinen zum Wirt. „Zwei Halbe!"
Darauf der Wirt: „Ja, das sehe ich selber. Aber was wollt ihr trinken?"

Mitternacht in einer kleinen Bar. Der Wirt steht mit ein paar Gästen an der Theke. Erhebt sich ein Mann vom Ecktisch und bestellt eine Flasche Champagner. Er öffnet sie und ruft laut: „Endlich ist es wieder soweit: Prosit Neujahr, alle zusammen!"

„Was soll denn der Unsinn?", weist ihn der Wirt zurecht. „Wir haben mittlerweile Ostern!"

„Ostern?", stammelt der Mann verwirrt. „Oh je, das gibt Ärger. So lange war ich noch nie in der Kneipe ..."

Timo steht unschlüssig an der Bar und überlegt sich, ob er sich noch einen Drink leisten soll. Da beugt sich der Wirt zu ihm und sagt: „Ganz im Vertrauen, ich würde dir noch zu einem Whisky raten."
„Ach ja, und warum?"
„Naja, wo kriegst du denn in diesen Zeiten für dein Geld sonst mehr als 40 Prozent?"

Am Tresen setzt sich Fabian neben Karl. Meint Karl: „Mensch Fabian, du zitterst ja richtig! Du trinkst in letzter Zeit wohl recht viel Alkohol, oder?"
„Ach, wo denkst du denn hin. Das meiste Zeug verschütte ich doch."

Rennt Fritz ins Lokal und ruft: „Mach schnell, Wirt! Her mit einem Doppelten, bevor der große Krach losgeht!"
Der Wirt stellt den Schnaps hin, Fritz kippt ihn runter und fordert noch einmal das Gleiche. Nach der vierten Bestellung wird der Mann hinter der Bar doch neugierig und fragt ihn: „Sag mal, was für einen Krach meinst du denn?"
Darauf Fritz: „Geht der Ärger schon los! Ich hab kein Geld und kann den Schnaps nicht bezahlen."

„Einen doppelten Wodka, aber schnell!", bestellt ein dreizehnjähriger Junge an der Bar.
„Bitte was, willst du mir etwa Schwierigkeiten machen?", meint der Barkeeper.
„Jap, gleich. Aber erst will ich meinen doppelten Wodka, verdammt!"

Ein Liliputaner betritt eine Bar und bestellt einen Klaren. Er bekommt wie gewünscht den Schnaps, trinkt ihn, schüttelt sich und ruft: „Wow, der ist ja so stark, da zieht sich einem ja alles zusammen!"
Darauf der Wirt: „Also jetzt bitte bloß keine Reklamationen, ja? Du bist schon so klein reingekommen!"

Zwei Freunde sitzen um Mitternacht am Tresen und werden leicht melancholisch. Meint der eine: „Mensch, Jürgen. Wir saufen in letzter Zeit doch viel zu viel. Das kann gar nicht gesund sein!"
Jürgen winkt lallend ab: „So ein Unsinn, Jeff! Mein Kumpel Karl hat bis zu seinem Tod jeden Tag fast einen ganzen Kasten Bier getrunken und war in all der Zeit nicht einmal einen Tag krank!"
Jeff ist ganz erstaunt und meint: „Nicht schlecht, das freut doch zu hören! Und wie alt ist Karl denn geworden?"
„24."

Erzählt Uwe seinen Freunden am Stammtisch: „Wisst ihr, letzte Woche war ich mal wieder in der Kirche. Bin zwar nicht so der gläubige Mensch, aber was soll's. Auf jeden Fall sehe ich da auf einmal, wie so ein Typ sich eine Zigarette anzündet. Krass, oder? Da ist mir fast meine Bierflasche aus der Hand gefallen!"

Ein Kölsch-Vertreter, ein Altbier-Vertreter und ein Pils-Vertreter treffen sich nach einem harten Arbeitstag in der Kneipe. Der Vertreter der Kölsch-Brauerei bestellt sich ein kühles Kölsch, der Altbiermann ein Alt, aber der Pils-Vertreter lediglich ein Wasser. Fragen die anderen beiden, warum er denn nicht auch ein Bier bestellt. Daraufhin dieser: „Ach, wisst ihr, meine Freunde: Wenn ihr kein Bier trinkt, trink ich auch keins!"

„Martin, du bist ja schon wieder völlig betrunken."
„Ja schon, aber ich feiere eben auch Weihnachten! Ist doch nur einmal im Jahr."
„Ehm, Martin. Heute ist der 24. April!"
„Naja, wie hat meine Oma immer so schön gesagt: Was du heute kannst besorgen, das verschiebe nicht auf morgen!"

Am Tresen gibt's nur ein Thema, oder?

Na gut, in der Kneipe wird – wie wir gerade gesehen haben – über dies und das gesprochen. Aber das absolute Thema Nummer eins ist und bleibt das Verhältnis zwischen Mann und Frau. Deswegen nimmt es in diesem Buch auch einen ziemlich breiten Raum ein.

„London muss furchtbar teuer sein", beschwert sich Rüdiger bei seinem Freund Norbert. „Ich wollte neulich hinfahren, aber die Preise haben mich sehr abgeschreckt."
Norbert widerspricht: „Wie man's nimmt. Anscheinend kann man da recht viel trinken und kriegt auch einiges ausgegeben. Anschließend kann man dann in einem richtig schicken Hotel übernachten und findet dann auch noch nach dem Aufwachen hundert Pfund auf dem Nachtkästchen."
„Das ist ja irre. Wie hast du denn so viel Glück auf einmal gehabt?"
„Ich nicht. Aber meine Frau."

Rolf sitzt betrübt an der Bar und starrt in sein sich leerendes Bierglas. Meint der Wirt: „Alles in Ordnung bei dir? Du schaust heute so schlecht gelaunt aus."
„Ach, ich hatte richtig Zoff mit meiner Alten. Und die meinte dann, dass sie einen Monat lang kein Wort mehr mit mir redet."
„Und?"
„Naja, morgen ist der Monat auch schon wieder rum."

„Na, Süße? Wir beiden wollen doch bestimmt dasselbe, oder?", spricht ein gut betrunkener Mann eine Frau mit Kurzhaarfrisur an.
„Klar", meint diese. „Lass uns ein paar Frauen aufreißen gehen!"

Unterhalten sich zwei Freunde in der Kneipe.
„Und wie läuft es bei dir zuhause in letzter Zeit mit deiner Frau?"
„Ach, wie immer. Sie wirft mir das Trinken vor und das Essen nach."

Mittwochabend in der Bar am Eck. Es unterhalten sich zwei Ehemänner:
„Autsch, das gibt wieder richtig Ärger. Schon wieder nach Mitternacht und ich bin wieder gut betrunken."
„Ja, und?"
„Naja, ich parke immer weit weg von meinem Haus. Dann ziehe ich meine Schuhe vor der Tür aus und laufe auf Zehenspitzen ins Schlafzimmer. Natürlich, ohne das Licht anzumachen. Und trotzdem wecke ich meine Frau und die ist dann immer richtig sauer und schreit mich an, was für ein Idiot ich sei."
„Du gehst die ganze Sache ja auch völlig verkehrt an, Kollege! Ich fahre immer mit quietschenden Reifen in die Garage, laufe singend die Treppe hoch und frage dann immer, ob's hier noch jemanden gibt, der Lust auf Sex hat!"
„Und warum genau ist das jetzt besser?"
„Naja, meine Frau tut dann immer so, als würde sie schlafen."

Hannes kommt mit großer Verspätung zum Stammtisch. Da maulen die anderen Stammtischbrüder, weil er sich so deutlich verspätet habe. Darauf Hannes: „Tut mir leid, Jungs. Aber ich musste eine Münze werfen, ob ich hierherkommen oder bei meiner Frau bleiben soll."
„Ja und?"
„Naja, ich musste insgesamt zwölf Mal werfen!"

Zwei Freunde im besten Alter treffen sich, nachdem sie sich längere Zeit nicht gesehen haben.
„Ich habe gehört, du hast vor kurzem erst geheiratet! Und das du als eingefleischter Junggeselle! Wie kam das denn?"
„Du kennst mich ja, 20 Jahre lang sechsmal die Woche in die Kneipe, mindestens fünfmal pro Monat in den Puff. Irgendwann hat mir das keinen Spaß mehr gemacht."
„Und jetzt?"
„Jetzt macht's mir wieder Spaß!"

Treffen sich zwei Kumpel in der Stammkneipe.
„Na, Pit! Schön, dich mal wiederzusehen! Wie war's denn im Urlaub?"
„Naja, meine Frau wurde in der Clubdisco zur Schönheitskönigin gewählt. Da kannst du dir ja denken, was das für ein furchtbarer Ort war."

Kommt ein Mann mit einer großen Plastiktüte in eine Bar, knallt die Tüte auf den Tresen und sagt zum Wirt: „Gib mir ´nen doppelten Whisky, aber schnell." Er kippt ihn runter wie nichts und ordert gleich den nächsten. Nach der fünften Runde meint der Wirt: „Sag mal. Irgendwas stimmt doch nicht mit dir ..."

Der Mann nickt: „Das kannst du laut sagen! Ich hab einen Sechser im Lotto!"

Freut sich der Wirt: „Ja super! Meinen Glückwunsch!"

„Glückwunsch am Arsch! Meine Frau hat vergessen, den Schein abzugeben!"

„Im Ernst? Na, der würde ich ja mal sowas von den Kopf abreißen!"

„Was glaubst du denn, was ich hier in der Tüte habe?"

„Hey, Tim! Schön, dich zu sehen. Mensch, war das eine verrückte Nacht gestern! Was hat denn deine Freundin gesagt, als du so völlig blau nach Hause gekommen bist?"

„Ach, gesagt hat sie nicht so viel. Nur den Kopf geschüttelt."

„Ernsthaft? Sehr lässig von ihr. Dabei hattest du ja ordentlich Lippenstift auf den Wangen. Aber solange sie nur den Kopf geschüttelt hat..."

„Wie man's nimmt. Mein Genick tut mir heute immer noch ziemlich weh."

Am Stammtisch erzählt Tom mit freudiger Miene: „Gestern hab ich es endlich gemacht! Ich hab meiner Frau alles über meine Vergangenheit erzählt."

„Und, wie hat sie darauf dann reagiert."

„Keine Ahnung. Aber als ich vorhin aus dem Haus gegangen bin, hat sie immer noch ihre gesträubten Haare glatt gebürstet."

„Was schneidest du denn aus deiner Zeitung aus?", will der Wirt von seinem Stammgast wissen.

„Ach, nur einen Artikel über einen Mann, der seine Frau umgebracht hat, weil sie ständig seine Hosentaschen durchsucht hat."

„Und wofür brauchst du so einen Artikel?"

„Na um ihn in meine Hosentasche zu stecken."

Vier Freunde wollen zusammen in ihrer Stammkneipe das WM-Finale ansehen, doch einer hat eine Ausgangssperre von seiner Frau bekommen. Doch als die drei anderen in der Kneipe eintrudeln, sitzt der Besagte bereits mit einem Bier in der Hand vor der Leinwand. Verdutzt fragt einer der drei anderen, was er denn hier mache. „Ich saß auf dem Sofa, als mir plötzlich meine Frau im durchsichtigem Nachthemd Handschellen zuwarf und sagte: 'Fessle mich ans Bett und tu was du willst!'. Tja, was soll ich sagen? Hier bin ich!"

An der Bar sitzen zwei Männer und starren in ihre Gläser. Völlig unvermittelt fragt der eine: „Sag mal, hast du schon mal einen Eiswürfel gesehen, der ein Loch hat?"
„Ja, sogar ziemlich regelmäßig."
„Echt?"
„Klar, ich bin seit gut zehn Jahren mit einem verheiratet."

Sitzen zwei Freunde in der Kneipe. Fragt der eine: „Wie geht's denn deiner Frau eigentlich?"
„Ach, der geht's gut. Die ist zu Hause und hackt Holz."
„Bist denn wahnsinnig? Du sitzt hier in der Kneipe und lässt es dir gut gehen, während deine Frau daheim so eine schwere Arbeit verrichtet?"
„Was soll ich denn tun? Ihr schmeckt einfach kein Bier."

Beschwert sich Hugo in der Kneipe bei seinem besten Freund: „Ach, meine Frau verbietet mir echt alles. Ich darf nicht mehr rauchen, nicht mehr trinken und wenn's so weiter geht, bald auch nicht mehr hierher kommen."
„Das hört sich ja hart an! Bereust du es, dass du sie geheiratet hast?"
„Auf keinen Fall! Bereuen darf ich ja auch nicht!"

Kommt ein frustrierter Ehemann in die Kneipe, nachdem er sich mal wieder mit seiner Frau gestritten hat. Er kippt einen Schnaps nach dem nächsten herunter. Als es ans Zahlen geht, hält er kurz inne und seufzt beim Anblick der Rechnung:
„Du meine Güte, was mich meine Frau schon an Geld gekostet hat!"

„Und wie ist gestern dein Krach mit deiner Frau noch ausgegangen", erkundigt sich ein Freund beim anderen, während sie bei der Kneipe über einem Bier sitzen.
„Haha, am Ende ist sie auf Knien angekrochen!"
„Wie hast du denn das geschafft? Das sieht deiner Frau ja echt nicht ähnlich."
„Na, wer kann, der kann."
„Und was hat sie dann zu dir gesagt?"
„Sie hat gesagt: Du kannst dich nicht ewig unter dem Tisch verstecken, du Feigling."

Erklärt Manni seiner Freundin: „Ich hab heute Abend leider keine Zeit, in meiner Stammkneipe gibt es ein Sieben-Gänge-Menü."
„Ach ja, und wie sieht das aus?"
„Naja, sechs Bier und 'ne Currywurst."

Zwei Männer sitzen in der Kneipe über dem fünften Bier und unterhalten sich über peinliche Geschichten. Meint der eine: „Oh Mann, letztens wollte ich einen Flug buchen. Und anstatt zu sagen, dass ich nach Pittsburgh möchte, sage ich, dass ich nach Tittsburg möchte. Das war mir echt peinlich."
Darauf der andere. „Ach, das ist doch gar nichts. Neulich sitze ich beim Frühstück mit meiner Frau und will ihr eigentlich sagen, dass sie mir doch mal die Milch geben soll."
„Ja, und was hast du dann gesagt?"
„Ich hab gesagt: Ich hab den besten Teil meines Lebens mit dir versaut, du dumme Kuh!"

In der Disco spricht der schon leicht angetrunkene Heiko die schüchterne Susi an: „Schönes Mädchen, sind Sie für den nächsten Tanz bereits vergeben?"
„Nein, ich bin noch frei."
„Wie schön, dann passen Sie doch bitte kurz auf mein Bier auf, ja?"

„Max, du schaust heute so traurig aus. Was ist denn los mit dir?", fragt der Wirt den unglücklich ausschauenden Stammgast.

„Ach, meine Frau ist mit meinem besten Freund durchgebrannt. Und ohne ihn ist alles so sinnlos!"

Sitzen drei alte Freunde in der Kneipe und reden über ihre Frauen. Sagt der eine: „Also ich finde schon, dass wir jetzt eine Zeitlang genau das tun sollten, was uns unsere Frauen sagen. Immerhin erlauben sie uns, hier regelmäßig einen trinken zu gehen und machen uns deswegen keine Vorwürfe! Wer jetzt mindestens zwei Wochen lang nicht auf seine Frau hört, sollte sich schämen und braucht danach auch gar nicht mehr in die Kneipe zu kommen."

Als sie sich zwei Wochen später wieder treffen, sagt der erste: „Oh Mann, das war echt eine einzige Katastrophe! Als ich betrunken reinkam und mir eine Kippe ansteckte, fiel ein bisschen Asche auf den Teppich. Meine Frau wurde sauer und schimpfte, ich solle doch gleich die ganze Wohnung anzünden!"

„Das klingt echt nicht gut", sagte der Zweite, „Aber bei mir lief es auch nicht besser. Als ich betrunken nach Hause kam, musste ich erstmal dringend pinkeln. Da ich kaum mehr gerade stehen konnte, ging leider einiges an der Toilette vorbei. Meine Frau war ziemlich wütend und schrie, dass ich doch gleich die ganze Wohnung vollpinkeln solle."

Der Dritte sagt von sich aus gar nichts, woraufhin die anderen beiden fragen, ob bei ihm alles in Ordnung sei. „Wie man es nimmt", murmelte der Mann geknickt. „Als ich betrunken nach Hause kam, lag meine Frau schon im Bett. Ich hab mich dann ein bisschen an sie rangewanzt, aber sie rief: 'Nur über meine Leiche!'"

Unterhalten sich zwei Typen am Kneipentresen: „Sag mal, was sagt denn deine Alte eigentlich dazu, wenn du dich hier so volllaufen lässt."

„Bitte was? Ich bin doch überhaupt nicht verheiratet."

„Ernsthaft? Und warum säufst du dann so?"

Moritz sitzt ganz traurig am Tresen und klagt seinem Freund Ernst sein Leid. „Ach, Ernst, ich glaube, ich werde mich scheiden lassen."

„Bitte was? Ich dachte, dass es bei euch beiden so gut läuft!"

„Ja schon. Aber in letzter Zeit zieht meine Frau jede Nacht durch die Kneipen der Stadt."

„Oh, das ist natürlich unschön. Hat sie etwa einen Liebhaber?"

„Ne, natürlich nicht!"

„Will sie ihr Leben genießen und zieht mit ihren Freundinnen um die Häuser?"

„Meine Frau? Nein, ganz klar, dass die sowas nicht macht."

„Und was macht sie dann in der Zeit? Ist sie Alkoholikerin?"

„Ne. Aber sie sucht mich."

Ein Mann sitzt am Tresen einer rappelvollen Hotelbar. Nur der Platz neben ihm ist noch frei. Da setzt sich eine wunderschöne Frau neben ihn. Der Mann beginnt ein unverbindliches Gespräch: „Entschuldigung", sagt er, „übernachten Sie auch in diesem Hotel?"

Sie antwortet: „Ja. Ich bin Teilnehmerin an einem Kongress über Sexualität. Ich werde dort morgen einen Vortrag halten und mit einigen Vorurteilen aufräumen. Viele Leute glauben zum Beispiel, Männer mit dunkler Hautfarbe seien besonders prächtig ausgestattet. Dabei sind es eher die amerikanischen Ureinwohner, bei denen dies der Fall ist. Andere wiederum glauben, Franzosen seien die besten Liebhaber. Dabei bereiten die Männer vom Balkan ihren Frauen den meisten Spaß ... Aber ich weiß gar nicht, warum ich Ihnen das alles erzähle, ich weiß ja nicht einmal, wie Sie heißen."

Der Mann streckt lächelnd die Hand aus. „Oh, entschuldigen Sie bitte das Versäumnis. Ich heiße Winnetou", sagt er, „Winnetou Biberovic!"

Zorniger Anruf.

Sie: „Wo zum Teufel bist Du?"

Mann: „Liebling, kannst Du Dich noch an das Schmuckgeschäft erinnern, wo Du das schöne Diamantarmband sahst und ich Dir erklärte, dass es eines Tages einmal Dir gehören wird?"

Die Frau lächelt hoffnungsvoll: „Ja sicherlich mein Schatz!"

Mann: „Ich sitze in der Kneipe gleich danebben."

Ein Mann sitzt in seinem Stammlokal und trinkt ein Helles. Kommt ein Kellner an den Tisch geeilt und meint: „Tim, deine Frau hat gerade angerufen. Ihr geht's echt nicht gut, du solltest besser nach Hause gehen."

„Ach, das passt schon. Ich krieg erst noch ein Helles."

Eine halbe Stunde später ist das Helle serviert und auch schon wieder getrunken. Da tritt der Kellner erneut an den Tisch und sagt dieses Mal schon etwas eindringlicher. „Ich will mich ja nicht einmischen, aber deine Frau hat gerade nochmal angerufen. Ihr geht es noch schlechter."

„Und ich nehme erst nochmal ein Helles."

Wieder verstreicht einige Zeit und da tritt der Kellner erneut an den Gast: „Tut mir leid, dir das jetzt so zu sagen, Tim. Aber deine Frau ist gerade verstorben. Ein Notarzt hat eben angerufen."

„Okay, okay", sagt Tim da ganz traurig, „dann nehme ich jetzt eben ein Dunkles."

Lieber einen wackligen Stammtisch als gar keine Möbel

Und hier noch ein paar andere Themen, über die man sich noch so in der Kneipe unterhält ...

Tief im Ruhrpott kommt ein Schalke-Fan in eine typische Dortmund-Kneipe. Freut sich der Wirt. „Hey, ein Neuling in unserer Mitte! Dann musst du auch ein Würfelspiel mit uns allen spielen!"
„Okay", meint der Schalker, „und wie funktioniert das Spiel?"
„Ach, ganz einfach. Du würfelst einfach und bei einer 2, 3, 4, 5 oder 6 bekommst du entsprechend viele Ohrfeigen."
„Klingt ein bisschen unfair. Und was passiert bei einer 1?"
„Das ist der Joker: Da darfst du nochmal würfeln!"

Kommt ein mies gelaunter Mann in eine Bar und schreit den Wirt an: „Her mit sechs Schnäpsen und zwar schnell, verdammt!"
Der Angesprochene verzieht keine Miene und stellt die bestellten Schnäpse auf den Tresen. Der schlecht gelaunte Kerl trinkt die Hochprozentigen in nur wenigen Minuten, schmeißt einen Zwanzig-Euro-Schein auf den Tisch und stürmt wieder aus der Kneipe. Meint einer der erstaunten Gäste: „Was war denn mit dem los? Der war ja echt komisch drauf."
Der Wirt winkt ab: „Ach, der ist Fan vom HSV und immer mies drauf, wenn sein Verein im Fußball verloren hat."
„Ach ja? Und was macht der dann, wenn der Klub mal gewinnt?"
„Gute Frage! Kann ich dir nur leider nicht beantworten, ich hab die Kneipe nämlich erst seit vier Jahren."

Stammtischrunde. Meint einer der Stammtischbrüder: „Ach, ich finde Politiker auf Wahlplakaten eigentlich schon ganz gut. Sie sind tragbar, leicht zu entfernen und reden auch kein dummes Zeug!"

Sitzt Hannes in der Kneipe am Tisch. Nach ein paar Minuten kommt die Kellnerin vorbei und fragt: „Na, was kann ich dir bringen? Whisky, Wein, einen Mai Tai, Gin, Cognac…?"
„Das klingt doch alles super. Dann bestell ich das und dazu bitte noch ein Bier."

„Hey, Martin! Was war denn gestern los mit dir? Warum bist denn so schnell von unserem Stammtisch verschwunden?"
„Was heißt hier, ich bin verschwunden? Ihr seid einfach so gegangen! Und das ohne mich. Ich wurde schließlich heute Früh von der Putzfrau geweckt, die mich unter dem Tisch gefunden hat!"

Kommen zwei Kumpels in die Kneipe: „Was würdest du zu einem Bier sagen?" „Was ist denn das für eine doofe Frage. Ich würde es einfach trinken!"

Till kommt von seiner Rundreise in Afrika zurück und prahlt am Stammtisch. „Ja, in Marokko ist mir was passiert. Da bin ich alleine durch die Wüste geritten und wurde auf einmal von Einheimischen eingekreist. Egal, wo ich hinschaute, nur Marokkaner!"
„Woah, das klingt ja irre gefährlich! Wie bist du denn aus dieser Nummer wieder rausgekommen?" „
Letzten Endes habe ich denen halt zwei Teppiche abgekauft."

Paul sitzt an der Bar und sinniert vor sich hin. Da macht sein Sitznachbar ein Kölsch auf und ein paar Spritzer treffen auch Paul. Der Nachbar entschuldigt sich wortreich für sein Missgeschick, doch Paul wirkt ab: „Kein Problem, kein Problem. Ich hab ja nichts in den Mund gekriegt."

Fragt Ralle seinen besten Freund Philipp in der Kneipe: „Sag mal, was tust du, wenn vor dir ein Feuerwehrwagen, rechts neben dir eine Kutsche und hinter dir ein Flugzeug fährt?"
„Keine Ahnung, sowas ist mir noch nie passiert."
„Na dann eben für den Fall, dass es dir mal passiert: Du hörst mit dem Saufen auf und steigst aus dem Kinderkarussell aus!"

„Meinst du nicht, dass du in letzter Zeit ein bisschen viel Bier trinkst?", fragt Tobias seinen Freund Martin.
„Ja, kann schon sein. Aber ich versuche eben, meinen Kummer zu ertränken."
„Und klappt das dann wenigstens?"
„Schwer zu sagen. Ich fürchte, das Biest kann ziemlich gut schwimmen."

Phil und Markus kippen einen Schnaps nach dem anderen. Plötzlich kippt Phil vom Hocker und bleibt wie tot liegen. Markus blickt die Bardame glasig an und lallt unverständlich: „Das gefällt mir so gut bei Phil: Er weiß einfach immer ganz genau, wann er genug hat!"

Klagt Tom in der Kneipe sein Leid: „Seit ich mein ganzes Geld verspekuliert habe, will die Hälfte meiner Freunde nichts mehr mit mir zu tun haben!"
„Und was ist mit der anderen Hälfte? Die hält ja wohl immer noch zu dir."
„Denkste! Die andere Hälfte weiß es einfach noch nicht."

Christoph kommt in seine Stammkneipe und meint: „Sorry, dass ich euch gestern im Stich gelassen hab und nicht zum Stammtisch gekommen bin. Aber ich hatte auch so heute Morgen einen riesengroßen Kater."
Meint einer seiner Freunde: „Ehm, Christoph. Du warst gestern doch da..."

Hannes geht schon seit Jahren in die gleiche Eckkneipe. Doch seit knapp zwei Monaten schmeckt ihm das Bier dort auf einmal überhaupt nicht mehr. Er wird misstrauisch, nimmt eine Probe mit und schickt diese bei einem Labor ein. Einige Zeit später erhält er vom Labor einen Brief: „Lieber Herr Radke, wir haben die von Ihnen an uns geschickte Probe wie gewünscht untersucht. Leider müssen wir Ihnen mitteilen, dass Ihr Hund an Gallensteinen zu leiden scheint."

Zwei Freunde in der Kneipe: „Hey Tim, das hatte ich noch gar nicht erzählt, oder? Ich werde jetzt dann Vater."
„Glückwunsch, Mann! Aber warum ziehst du denn so ein Gesicht?"
„Naja, meine Frau weiß es noch nicht."

Sagt Stefan zu Marko: „Also ich find's echt super, dass du mit mir auf meine Gesundheit trinkst. Aber bist du mittlerweile nicht schon beim zwölften Bier?"
Lallt Marko: „Du schaust heut halt auch einfach echt mies aus!"

Treffen sich zwei Freunde in der Kneipe und der eine schaut den anderen ganz überrascht an: „Sag mal, Hannes, du siehst ja ganz anders aus! Wo hast du denn deine schicke Mütze gelassen? Normalerweise trägst du die doch immer, oder?"
„Ja, schon. Aber weißt du, seit dem Unglück neulich trage ich meine Mütze nicht mehr."
„Bitte, was? Welches Unglück meinst du denn?"
„Der Günther hat mir ein Bier angeboten und ich hab nichts gehört und von daher auch keines gekriegt!"

Ein ziemlich angeschickter Gast einer Bar gafft schon seit längerem die hübschen Zwillinge am Nebentisch an.
„Sie sehen nicht doppelt, keine Angst. Wir sind wirklich eineiige Zwillinge", sagt die eine nach einiger Zeit etwas genervt.
Ungläubig fragt der Betrunkene nach: „Ernsthaft? Alle vier von euch?"

„Mit Egon gehe ich nie mehr in die Kneipe", schimpft Karl. „Mit dem muss man sich ja schämen. Der Kerl hat tatsächlich nie Geld dabei!"
„Warum, wollte er dich anpumpen?"
„Nein. Aber als ich ihn bat, mir etwas Kohle zu leihen, hatte er wieder mal nichts dabei!"

Karlo sieht seinen Kumpel Max im Wirtshaus sitzen. „Hey, altes Haus! Trinkst du da etwa ein Bier zu deinem Schweinebraten? Ich dachte, dein Arzt hat dir gesagt, dass du zum Essen nichts Alkoholisches mehr trinken sollst!"
„Stimmt, du hast Recht. Komm, räum das Essen weg und setzt dich zu mir."

Kommt ein Mann in eine Bar und bestellt sich einen Wodka. Dabei betont er gegenüber dem Barkeeper: „Aber es muss bitte ein Wodka aus Dänemark sein, ja?"

Da dreht sich ein anderer Mann an der Bar zu ihm um und sagt: „So ein Zufall, ich trinke auch gerne dänischen Wodka! Das ist ja irre! Komm, da trinken wir beide drauf." Gesagt, getan. Nach ein paar Minuten meint der eine von ihnen: „Weißt du, ich trinke so gerne dänischen Wodka, weil ich selber aus Dänemark komme."

„Nein, das gibt's ja nicht, ich auch! Komm, da trinken wir auch einen drauf!" Und schon starten die beide in die zweite Runde.

Als der Wodka gekippt wurde, fragt einer der beiden: „Und aus welcher Stadt kommst du?"

„Ach, aus so einem kleinen Kaff in der Nähe von Kopenhagen."

„Ich auch, Wahnsinn! Also wenn das mal kein Zufall ist. Das muss begossen werden." Die beiden bestellen beim Wirt die nächste Runde und steigen gleich wieder ins Gespräch ein.

„Und auf welcher Schule warst du denn?"

„Auf der Aalborg-Schule."

„Sag mal, willst du mich auf den Arm nehmen? Auf der war ich auch! Komm, da trinken wir gleich noch einen drauf!"

Der Wirt hört sich das eine Weile an, dann greift er zu seinem Handy: „Ja, hallo Schatz? Du, ich komm heute später nach Hause. Nee, ist schon alles in Ordnung. Aber die beiden bescheuerten Jörgensen-Zwillinge sind wieder da und das kann mal wieder etwas länger dauern."

Frauen sind auch nicht besser

Wer meint, dass sich in der Kneipe nur Männer über ihre häuslichen Goldstücke auslassen, den wollen wir hier eines Besseren belehren.

„Wer ist dieser unausstehliche Typ, der an der Bar steht und dauernd so dumm daherredet?", fragt eine Frau in der Kneipe ihre Sitznachbarin.
„Der mit den schwarzen Haaren? Das ist mein Mann."
„Oh, das tut mir leid. Ich wollte Sie nicht beleidigen!" „Ach, keine Ursache, es war ja nun wirklich mein Fehler."

Unterhalten sich zwei Freundinnen in der Kneipe. Meint die eine: „Weißt du denn eigentlich, was der Unterschied zwischen Männern und Schweinen ist?" Schüttelt die andere den Kopf. Darauf wiederum die erste: „Schweine verwandeln sich nicht in Männer, wenn sie betrunken sind!"

Harry sitzt schon länger an der Bar, sein leeres Bierglas vor ihm. Da wendet er sich an den Barkeeper, zeigt auf sein Glas und sagt: „Groß, kalt und voll mit Bier!"
Da dreht sich eine Dame um und sagt: „Ach, du kennst meinen Mann?"

Zwei Frauen sitzen betrunken in einer kleinen Innenstadtkneipe. Die eine stupst die andere an und meint: „Entschuldigen Sie, aber ist das da draußen der Mond oder die Sonne?"
„Das weiß ich auch nicht. Ich bin aber auch nicht von hier!"

Kommt der Ober an den Tisch und sagt etwas überrascht zur dort sitzenden Dame: „Sie wissen schon, dass gerade Ihr Mann unter den Tisch gerutscht ist, oder?"
„Quatsch. Mein Mann ist schließlich gerade erst durch die Tür ins Lokal gekommen."

Setzt sich eine hübsche Frau an den Tresen neben einen ebenso hübschen Mann. Sagt dieser: „Na, junge Frau. Was machst du denn hier."
Darauf sie ganz kess: „Na, mit dir flirten."
„Aha, aber was machst du dann mit dem Pfefferspray in der Hand."
„Ach, das ist Plan B, wenn es mit dem Flirt nicht so gut klappt."

Unterhalten sich zwei Nachbarinnen: „Stimmt es, dass sich dein Mann das Trinken abgewöhnen will? Mein Mann hat ihn nämlich schon lange nicht mehr in der Kneipe gesehen!"
„Weiß ich nicht so genau. Er schwankt noch.".

Lästern zwei Freundinnen in der Cocktailbar über andere Besucherinnen. Meint die eine: Hast du die Christine da drüben gesehen? Die sieht mittlerweile ja alt aus!"
„Das kannst du aber laut sagen!", meint da die andere, „so alt, wie die aussieht, wird die bei ihrem Alkoholverbrauch mit Sicherheit nie!"

Karin und Nadja sitzen an der Bar und sind schon beide ganz gut in Fahrt. Meint Karin: „Boah, bin ich besoffen. Aber es ist erst Mitternacht? Was machen wir denn jetzt mit dem Abend?"
„Lassen wir doch das Glück entscheiden", schlägt Nadja lallend vor. „Ich werfe 'ne Münze. Bei Kopf trinken wir noch einen Sekt und gehen dann in den Club gegenüber. Bei Zahl trinken wir noch einen Sekt und gehen dann in die nächste Bar. Und bleibt die Münze auf dem Rand stehen, lassen wir's gut sein und gehen nach Hause."

Treffen sich zwei Dominas an der Bar.
„Na, wie läuft's denn so?"
„Ach, man schlägt sich so durch!"

Zwei Freundinnen im angesagten Club.
Fragt die eine: „Wie viel Uhr ist es denn, hast du 'ne Ahnung?"
„Puh, dürfte gut sieben Pils sein."

Zwei Freundinnen unterhalten sich.
Sagt die eine: „Ich habe meine Unschuld mit 15 verloren."
Staunt die andere: „Echt? Bei mir war es nur einer!"

Zwei Frauen kommen vom Weiberstammtisch. Auf dem Heimweg plagt sie ein dringendes Bedürfnis. Ein WC ist nicht in Sicht, aber es bleibt der Friedhof, der auf dem Weg liegt. Mangels Toilettenpapier benutzt die eine ihren Slip und wirft ihn weg. Die andere nimmt die Schleife eines Kranzes von einem frischen Grab.

Zwei Tage später treffen sich die Ehemänner, um sich ihr Leid zu klagen. Sagt der eine: „Also, das mit dem Weiberstammtisch wird mir immer unheimlicher. Kommt doch vorgestern die Meine vollkommen betrunken und ohne Slip nach Hause."

Meint der andere: „Was soll ich da erst sagen? Meine war genauso blau. Und zwischen ihren Po-Backen klemmte so ein komisches Band, auf dem stand: „Wir werden dich nie vergessen: Deine Freunde vom Männergesangsverein!"

Wer nix wird, wird Wirt – Witze von und über den Mann auf der anderen Seite der Theke

Wichtige Figuren in Kneipen und den entsprechenden Witzen sind Wirte, Kellner oder Barkeeper. Ihnen kann man das Herz ausschütten und sie wissen immer einen guten Rat. Na ja, fast immer.

Der Wirt vom „Goldenen Anker" schläft schon längst selig in seinem Bett, als ihn in der Früh um fünf ein Anruf aus dem Schlaf reißt. Der Wirt geht miesgelaunt ans Telefon und fragt: „Wer zur Hölle weckt mich um diese Uhrzeit?"
„Hallo, ist da der Wirt vom „Anker"?"
„Ja, und?"
„Wann macht denn Ihr Laden wieder auf?"
„Irgendwann heute Abend gegen acht. Und wegen einer so dummen Frage rufen Sie mich um diese Uhrzeit an?!", schreit der Wirt ins Telefon und legt auf. Kaum ist er wieder eingeschlafen, klingelt erneut das Telefon. Er hebt ab und brüllt sofort in den Hörer: „Heute Abend um acht mach ich auf! Nicht früher und erst recht nicht jetzt in der früh um fünf, verdammt! Vorher kommt mir keiner rein!"
„Was heißt denn hier rein?", wimmert der Anrufer. „Ich will endlich raus!"

„So, jetzt reißt mir aber der Geduldsfaden!", schreit der Wirt. „Seit Monaten zahlst du nichts mehr, Manfred. Aber jetzt ist das vorbei, ich schreibe ab sofort nichts mehr an!"
Der Gast bleibt ganz cool: „Das musst du für dich selbst entscheiden. Aber ganz unter uns: Wenn du nicht mehr anschreibst, wie willst du das Ganze dann im Kopf behalten?"

Harry gilt als der faulste Barkeeper der Stadt. Warum?
Ganz einfach: Weil er stundenlang mit dem Cocktailbecher in der Hand auf ein Erdbeben wartet.

Kneipenbesitzer Tim muss für eine Woche ins Krankenhaus und bittet seinen Freund Dieter, solange den Laden zu führen. Nachdem er ihm erklärt hat, wie alles funktioniert, meint er noch: „Ach ja, am Mittwoch kommt immer der Taubstummen-Stammtisch! Also, die bestellen so: Der kleine Finger bedeutet Schnaps, alle fünf Finger bedeuten Bier … Ist eigentlich ganz einfach!"
Der Mittwoch kommt, alles klappt wie am Schnürchen. Gegen ein Uhr morgens machen die Taubstummen auf einmal den Mund auf und rudern mit ihren Händen durch die Luft. Dieter ruft Tim an und fragt, was das denn bedeuten soll.
Meint Tim: „Ach so, das hab ich vergessen: So gegen zwei Uhr morgens, nach mindestens fünf großen Bier, ist die Stimmung bei denen auf dem Höhepunkt. Und dann fangen die immer an, zu singen!"

Kommt ein gut gekleideter Mann in eine Bar und bestellt sich einen alten Whisky. Der Wirt serviert das Gewünschte und beginnt ein Gespräch: „Was für eine Hitze heute, nicht wahr? Und Sie sind wohl hierher gerannt wie ein Pferd, oder?"
„Das ist ja unerhört! Ich verbitte mir solche Vergleiche!", erwidert der Mann pikiert.
„Ach, das war nicht böse gemeint. Ich wollt ja nur sagen, dass es so aussieht, als wären Sie gerade ein bisschen schneller gelaufen. Immerhin schwitzen Sie ja auch wie ein Schwein."

Sagt der Barkeeper zu Martin: „Mensch, du hast vom letzten Monat noch sieben Halbe bei mir stehen!"
Darauf Martin: „Ach, das ist zwar nett von dir, dass du mich daran erinnerst. Aber lass gut sein und schütte sie weg. Die sind so schal, die trink ich jetzt nicht mehr."

„Mal eine Frage, Barkeeper. Was füllst du denn zuerst ins Glas: Whisky oder Sodawasser?"
„Den Whisky natürlich. Wo denkst du denn hin?"
„Ah, alles klar. Dann finde ich ihn ja vielleicht doch noch, wenn ich ein bisschen weitertrinke."

Schon stark angetrunken kommt Georg in eine Bar und bestellt sich ein Helles und einen Tequila. Der Wirt hört's, zapft ein Bier und serviert. Lallt Georg: „Wo is'n mein Tequila?"
„Nichts für ungut, mein Freund", sagt da der Wirt, „aber du kriegst von mir heute keinen Schnaps mehr."
Da wird Georg sauer und schimpft: „Was soll denn das? Soll ich jetzt mein Bier auf trockene Kehle trinken?"

Meint ein Gast, der zum ersten Mal in der Kneipe ist, zum Wirt: „Echt eine Schande, dass ich nicht schon früher hierhergekommen bin."
„Schön gemütlich hier, nicht wahr?", erwidert der Wirt erfreut.
„Nein, das weniger. Aber wenn ich schon einmal hier gewesen wäre, wäre ich heute garantiert nicht wieder hergekommen!"

„Boah, bin ich besoffen. He, Wirt! Gib mir irgendwas, was mich wieder nüchtern macht."
„Kein Problem, hier hast du die Rechnung."

Auf der Silvesterparty in der stadtbekannten Kneipe wird richtig gefeiert. Da hebt kurz nach Mitternacht der Wirt sein Glas und ruft: „Kinder, dieses Jahr muss einfach fantastisch werden. Denn es hat auf die Sekunde pünktlich angefangen!"

„Mensch, Herr Ober! Ich hab das Gefühl, dass in letzter Zeit die Portionen immer kleiner und kleiner werden! Haben Sie was dazu zu sagen?"
„Ach, das ist sicher nur eine optische Täuschung, mein Herr. Denn seit wir haben anbauen lassen, ist der Wirtsraum größer geworden!"

Unterhalten sich zwei Wirte: „Also jetzt mal ganz im Vertrauen: Wie kannst du dein Hasenragout nur so billig verkaufen? Bei den Preisen heutzutage."

„Okay, wir kennen uns ja schon eine ganze Weile, da will ich ehrlich sein. Ich mische das Hasenfleisch mit Pferdefleisch."

„Gut, das ist zwar etwas eklig. Aber selbst mit diesem Trick kommst du doch nie auf diesen Preis, oder?"

„Naja, ich nehme eben auch immer ein Pferd auf einen Hasen ..."

„Herr Kellner, ich habe ja echt nichts gegen den Geruch von Alkohol. Aber die Wurst, die Sie mir gerade serviert haben, riecht schon echt stark nach Schnaps."

Tritt der Kellner vier Schritte zurück und fragt nach: „Riecht es jetzt immer noch nach Schnaps?"

In einer Kneipe sagt ein Stammgast zum Wirt: „Wow, Klaus! Deine Frikadellen schmecken ja wieder richtig gut. Hast du das Rezept geändert?"

Darauf der Wirt: „Danke dir, aber nein, wir haben immer noch das gleiche Rezept. Oder besser gesagt: Wir benutzen nur wieder das alte Rezept. Aber seit der Bäcker echte Brötchen im Angebot hat, können wir für den Preis auch wieder richtiges Fleisch nehmen."

Im Wirtshaus wird ein großes Betriebsfest gefeiert. Es geht überall sehr lustig zu, aber an einem Tisch sitzt ein Mann und schläft. „Warum wirfst du den Kerl nicht raus?", fragt ein Kellner seinen Kollegen.

„Bist du wahnsinnig, da werde ich mich hüten. Ich habe den Typen schon dreimal geweckt, und jedes Mal hat er die Rechnung für alle bezahlt!"

In einer Bar ist eine richtige Party im Gange, die Stimmung kocht. Nur ein Mann sitzt auf dem Barhocker und starrt trübsinnig vor sich hin. Da kommt ein Barbesucher auf ihn zu und meint: „Ist dir etwa langweilig?"

„Und ob!"

„Na dann gehen wir doch einfach in eine gemütlichere Bar, wo es weniger laut ist, oder was meinst du?"

„Kann ich nicht, ich bin hier der Wirt."

Julian kommt in seine Stammkneipe und sagt mit Leichenbittermiene: „Bitte schenk mir drei doppelte Schnäpse ein."

„Was ist denn los bei dir, Julian?", fragt da der besorgte Wirt.

„Naja, mein Bruder hat mir heute erzählt, dass er schwul ist. Da ist zwar echt nichts dabei, aber ein Schock war's trotzdem."

Am nächsten Tag kommt Julian wieder in die Kneipe. Er schüttelt nur den Kopf und bestellt sich erneut drei Doppelte. „Was denn diesmal, Julian? Schon wieder so überraschende Nachrichten?", fragt da der Wirt.

„Kann man so sagen. Heute hat mir mein Sohn erzählt, dass er schwul ist."

Julian trinkt seine drei Schnäpse, geht nach Hause und kommt anderntags wieder mit ähnlicher Laune in die Kneipe. Der Wirt schaut ihn an und fragt bereits: „Schon wieder drei Doppelte?" Julian nickt und seufzt. „Mein eigener Vater …"

„Sag mal, gibt's in deiner Familie außer dir gar keinen mehr, der auf Frauen steht?", fragt da kopfschüttelnd der Wirt.

„Doch, schon", sagt Julian, „meine Frau …"

In der Spelunke zur alten Unke

Was man in wirklich düsteren Kaschemmen so alles zu hören kriegt. Ach, eigentlich auch nicht viel anderes als in besseren Etablissements ...

„Echt eine üble Gegend hier, oder?", sagt ein Gast zum Wirt.
Der Wirt hat den Besucher noch nie gesehen aber muss zustimmen: „Klar, hier am Hafen geht's schon ziemlich zur Sache."
„Das kannst du so sagen, meine ganzen Tageseinnahmen wurden mir vorhin geklaut!"
„Tut mir leid zu hören, wie viel war's denn?"
„Immerhin drei Brieftaschen und eine Handvoll Uhren."

In einer heruntergekommenen Spelunke sitzt Ganoven-Giovanni und blättert in einem Modemagazin. Da kommt Einbruch-Eddy auf ihn zu und meint: „Was denn los mit dir? Seit wann liest du denn so Weiberkram?"
„Ach, du. Das ist rein beruflich! Schließlich muss man doch auf dem neusten Stand sein, wo in der nächsten Modesaison die Brieftaschen getragen werden!"

Ein Penner starrt am Tresen in sein Bier. Spricht ihn ein gut gekleideter Herr an:
„Du solltest arbeiten gehen."
„Warum?"
„Dann verdienst du Geld."
„Und dann?"
„Dann kannst du ein Konto eröffnen."
„Und dann?"
„Das Geld bringt Zinsen."
„Und dann?"
„Kannst du von den Zinsen leben und musst nicht mehr arbeiten."
„Ich arbeite doch auch jetzt nicht."

Zwei Taschendiebe quatschen in der Kneipe miteinander über ihre letzten Erfahrungen. Meint der eine: „Hast du eigentlich schon die herrliche Uhr vom Wirt gesehen?"
Darauf der andere: „Nein, aber zeig doch mal her."

Unterhaltung am Tresen:
„Was hast du für Hobbys?"
„Jagen und Alkohol."
„Was jagst du?"
„Alkohol."

Marek kommt bereits nach Mitternacht in eine Bar. Schon beim Weg zur Theke sieht er einen Typen, der unter einem Tisch liegt und dort seinen Rausch ausschläft. Er deutet auf den offensichtlich besoffenen Typen unter dem Tisch und sagt zum Wirt: „Egal, was er hatte. Ich will das Gleiche."

Kommt ein Mann in die Bar und bestellt sich fünf Schnäpse. Kaum stehen die auf dem Tisch, zieht er sich in einem Affenzahn einen nach dem anderen rein. Kaum hat er alle fünf Schnäpse intus, bestellt er sich vier neue. Danach drei neue. Als er nur noch zwei weitere Schnäpse ordert, stellt er lallend fest: „Das ist ja komisch! Je weniger ich saufe, desto besoffener werde ich!"

Heinz sitzt mittlerweile schon recht schwankend vor seinem achten Bier. Setzt sich eine gutaussehende Frau um Mitternacht zu ihm an den Tresen. Die Frau sagt zu ihm: „Na, wenn du so weitertrinkst, landest du ganz schnell in meinem Bett."
„Hossa, du gehst aber ran!", ruft Heinz etwas überrascht.
„Nicht unbedingt. Aber ich bin Krankenschwester im hiesigen Krankenhaus."

Harry kommt in seine Stammkneipe und bestellt sich beim Wirt erstmal ein Bier und verlangt dazu auch nach einem Zahnstocher. „Also Harry, das mit dem Bier ist natürlich kein Problem. Aber was den Zahnstocher angeht ... Da muss ich dir leider sagen, dass momentan alle in Benutzung sind. Ich gebe dir dann Bescheid, wenn einer frei wird."

„Bedienung! Ich hätte gerne ein Bier."

Schreit es aus der Ecke des Lokals: „Und ich auch, bitte. Aber frisch gezapft, ja?"

Der Kellner dreht sich Richtung Tresen und ruft: „Zwei Bier, Tim! Und eines davon soll nicht abgestanden sein."

Kommt der Kellner an den dreckigen Tisch einer Hafenkneipe und sagt zum etwas mürrischen Gast: „Hey Kollege, dein Glas ist leer. Soll ich dir noch eines bringen?"

„Was für ein Unsinn! Was soll ich denn bitte mit zwei leeren Gläsern anfangen?"

Ein Barkeeper hat seinen ersten Arbeitstag und ist ziemlich nervös. Kommt ein wortkarger Matrose in die Spelunke und meint nur: „Jack Daniel's."

Darauf der neue Barkeeper: „Angenehm, ich heiße Tim."

Ein Mann kommt in eine ziemlich heruntergekommene Spelunke und bestellt sich einen Hamburger. Die Frau hinterm Tresen fragt ihn: „Willst du den warm oder kalt essen?"

„Warm natürlich", meint darauf der Mann.

Die Wirtin nimmt zwei Hamburger und klemmt sie sich in die Achselhöhlen. Ein Mann am Nebentisch sieht das, verzieht angewidert das Gesicht und ruft: „Ich hab es mir doch anders überlegt und möchte meinen Hotdog wieder abbestellen!"

Drei Uhr morgens in der Eckkneipe. Der Wirt ist schon hundemüde und bittet den Gast, endlich zu gehen und öffnet ihm die Türe zur Straße. Lallt dieser: „Mein Gott, was stinkt hier so grauenvoll?"

Darauf der Wirt: „Das stinkt nicht, das ist Frischluft."

Hannes sitzt mal wieder völlig dicht auf dem Barhocker und pinkelt dreist an die Theke. Darauf meint der Wirt: „Was soll denn der Blödsinn? Das ist doch keine Pissrinne!"

„Ja schon. Aber da gehört halt eine hin!"

Nachdem er schon seit längerer Zeit auf hoher See war, kommt ein Matrose wieder an einen Hafen und geht direkt in eine Hafenkneipe, um seine Heuer zu versaufen. Nachdem er dort gut Rum getrunken hat, wankt er wieder zurück zu seiner Kajüte und murmelt dabei nur: „Schon frech. Hier schwankt es schlimmer als auf hoher See und trotzdem nennen die das Festland."

Kommen drei Freunde in eine runtergekommene Hafenkneipe. Der erste bestellt sich ein Helles, der zweite ebenso und auch der dritte ordert ein helles Bier. Doch der dritte sagt dazu: „Aber bitte servieren Sie mein Bier in einem sauberen Glas, ja?"
Die Bedienung notiert die Bestellung und kommt nach fünf Minuten mit den Getränken wieder. Beim Servieren fragt sie dann nach: „Und wer von euch wollte nochmal das saubere Glas haben?"

Ein neuer Kunde sagt zum Kellner: „Sagen Sie mal, servieren Sie jeden Tag so schales und schlecht eingeschenktes Bier?"
„Nein, mein Herr. Am Mittwoch haben wir Ruhetag."

„Sag schon, Ulli, warum trinkst du denn mittlerweile nichts mehr?"
„Ach, ich vertrag Bier einfach nicht mehr", erklärt da Ulli seinem Freund Martin in der Kneipe. „Ich bekomme in letzter Zeit so schnell Nasenbluten davon."
„Ja ja, das kenne ich. Bei mir endet es auch ab und an in einer Schlägerei, wenn ich zu viel gesoffen hab."

Ein Rockerclub in der amerikanischen Prärie. Die Kneipe hat die typischen Schwingtüren und der Abend ist recht ruhig. Doch auf einmal fährt ein Rocker mit seinem Motorrad durch die Türen direkt in den Trinkraum. Der Wirt schreit: „Was soll denn die Aktion bitte? Wer gibt dir denn das Recht dazu?"
„Ich komm aus Deutschland", ruft der Motorradfahrer, „und da gilt das Reinheizgebot schon seit 1516!"

Kneipenphilosophen unter sich

Je später der Abend, desto tiefsinniger (oder unsinniger?) die Gespräche. Aber hören wir doch mal selber rein ...

Sinniert Ulrich über sein Leben: „Früher habe ich nur Wasser getrunken. Dann irgendwann Whisky mit Wasser. Später dann Whisky ohne Wasser. Und mittlerweile, ja mittlerweile trinke ich Whisky wie Wasser."

Sagt Uwe zu seinem Freund Stefan: „Weißt du eigentlich, warum ich so gerne Bier trinke?
„Nein."
„Weil noch keine gute Geschichte mit jemandem begonnen hat, der einmal zu viel Salat gegessen hat!"

Jimmy erklärt seinen Freunden: „Natürlich achte ich auf meine Ernährung und trinke nicht den ganzen Tag Alkohol. Ab und an mache ich mir auch einfach einen Promillentee."

Während einer Stadtführung erklärt der Touristenführer: „Und hier zur Linken liegt dann gleich die älteste Kneipe der Welt. An der gehen wir dann vorbei und laufen weiter Richtung römisches Museum."
Ertönt eine Stimme aus der Touristengruppe: „Und warum genau gehen wir an der Kneipe *vorbei*?"

Zwei Kneipenphilosophen unter sich: „Also wenn ich sechs Richtige im Lotto habe, höre ich auf zu arbeiten." Darauf der andere: „Und wenn ich drei Richtige habe, arbeite ich nur noch halbtags."

Freitagabend am Stammtisch im Röhrenden Hirschen: „Also ich hätte ja lieber Alzheimer als Parkinson. Lieber vergesse ich doch, ein paar Bier zu zahlen als eines davon zu verschütten."

Vor ein paar Wochenenden haben wir mit ein paar Freunden über Bier diskutiert. Einer sagte dann plötzlich, dass Bier weibliche Hormone enthält. Nachdem wir ihn wegen seiner dummen Bemerkung ein wenig hops genommen haben, beschlossen wir, die Sache wissenschaftlich zu überprüfen. Also haben wir alle der Wissenschaft zuliebe zehn Bier getrunken. Am Ende dieser zehn Runden haben wir dann Folgendes festgestellt, was die These letzten Endes doch zu stützen scheint:

1. Wir hatten zugenommen.
2. Wir redeten eine Menge, ohne dabei etwas zu sagen.
3. Wir hatten Probleme beim Fahren.
4. Es war uns nicht mehr möglich, ein Fußballspiel zu verstehen, da alles viel zu schnell war.
5. Es gelang uns nicht, zuzugeben, wenn wir im Unrecht waren, auch wenn es noch so eindeutig schien.
6. Jeder von uns glaubte, er wäre der Mittelpunkt des Universums.
7. Wir hatten Kopfschmerzen und keine Lust auf Sex.
8. Unsere Emotionen waren völlig außer Kontrolle.
9. Wir hielten uns gegenseitig an den Händen.
10. Und natürlich: Wir mussten alle paar Minuten aufs Klo und zwar alle gleichzeitig.

Unterhalten sich zwei Freunde. „Also bei mir kommt zu Hause ja kein Tropfen Alkohol auf den Tisch!"
Meint der andere zustimmend: „Na, das lob ich mir! Immer vorsichtig einschenken, dann passiert so ein Unglück auch nicht!"

„Ach, Georg, manchmal möchte ich mit dem Saufen aufhören."
„Ach, Matthias, Abstinenz ist nur was für Leute, die mit dem Kater nicht umgehen können."

„Weißt du, Walter, Alkohol macht gleichgültig."
„Ach Helmut, das ist mir doch egal."

Prahlt ein Angeber in der Bar: „Als ich mit meiner herausragenden Karrie-
re begann, hatte ich nichts außer meinem Verstand!"
Ruft einer der anderen Gäste dazwischen: „Jaja, es gibt so viele Menschen,
die mit nichts begonnen haben."

„Hallo, Wirt. Gib mir noch 'nen Weinbrand. Den lösch ich dann mit einem
Obstwasser ..."

Sperrstunde! Alle raus hier!

Irgendwann stellt der Wirt die Stühle auf den Tisch. Dann wird es Zeit zum Nachhausegehen. Zum Trost hier noch ein paar Witze für den Heimweg …

Juan war auf einer großen Party und hat dort auch ordentlich Tequila getrunken. Auf dem Weg zu seiner Wohnung fällt er volltrunken in eine große Pfütze. Ein Passant eilt ihm schließlich zu Hilfe und will Juan aus der Pfütze ziehen. Doch dieser winkt ab: „Nein, nein, ich kann schwimmen. Retten Sie doch zuerst Frauen und Kinder!"

Torben und Manni laufen zusammen aus ihrer Lieblingskneipe nach Hause. Torben, der schon ziemlich betrunken ist, stellt auf einmal entsetzt fest: „Was, es ist schon halb 3? Und ich hab meiner Freundin versprochen, um Mitternacht wieder da zu sein. Oh nee, die wird kochen vor Wut."
„Wirklich? Also meine Frau kocht mir um die Zeit garantiert nichts mehr."

Nach der Betriebsfeier steuert Chris stark betrunken auf sein Auto zu. Ein Kollege sieht das und meint: „Hey, Chris, willst du in deinem Zustand echt noch Auto fahren?"
„Was heißt'n hier wollen? Müssen tu ich! Schließlich kann ich mich ja kaum mehr auf den Beinen halten."

Basti und Jonathan waren gemeinsam einen heben und laufen in den Morgenstunden auch wieder gemeinsam zur Bushaltestelle, um nach Hause zu kommen. Da meint Basti auf einmal: „Hey, jetzt stell dich mal nicht so an und lass mich auch mal in der Mitte laufen."

Ein stark Betrunkener prallt auf seinem Heimweg von seiner Lieblingskneipe gegen eine Litfasssäule, stürzt zu Boden und kriecht immer wieder um diese herum. Nach der vierten Umrundung murmelt er betroffen: „Oh nein, mein schlimmster Albtraum wird wahr: Ich bin eingemauert!"

Ein stark Betrunkener hält ein Taxi an, schwankt zur Tür, steigt ein und sagt: „Fahren Sie mich zum Rathausplatz!"

„Aber mein Freund, da sind wir doch schon." Der Betrunkene guckt verdutzt, drückt dem Taxifahrer 20 Euro in die Hand und sagt: „Das nächste Mal rasen Sie aber bitte nicht mehr so!"

Matthias stolpert im Morgengrauen aus der Kneipe und fragt den nächstbesten Passanten: „'Tschuldigen Sie, aber wo zur Hölle bin ich hier eigentlich?"

„Sie stehen hier vor der Goethestraße 34."

„Nicht so viele Einzelheiten bitte! Ich will vor allem wissen, in welcher Stadt ich bin!"

Nachdem Pit den Abend über viel Bier getrunken hat, geht es auch schon wieder mit dem Nachtbus nach Hause. Im Bus sitzt er neben einer Frau, die er auch gleich anspricht: „Hallo, hübsche junge Frau. Wobei, nee. Du bist echt nicht hübsch."

„Ach ja? Und du bist völlig besoffen!", reagiert diese empört.

„Gut möglich! Aber morgen bin ich wieder nüchtern. Und du bist immer noch hässlich."

Martin beschwert sich bei seinem Kumpel Dietrich: „Weißt du, gestern Abend war ich ja in der Kneipe um der Ecke. Und nach dem Bezahlen dachte ich mir noch: Heut Abend bist du mal besonders vorsichtig beim Weg nach Hause. Was passiert? Kaum bin ich auf dem Weg, tritt mir so ein Trottel auf die Hand."

Torkelt ein Betrunkener im Morgengrauen aus der Kneipe und wankt in Richtung seines geparkten Wagens. Ein Passant sieht das und spricht ihn an mit den Worten: „Mein Herr, es geht mich ja eigentlich nichts an. Und trotzdem würde ich Ihnen bei Ihrem Zustand raten, besser den Bus zu nehmen."

Der Betrunkene hört's und überlegt darauf scharf. Doch dann sagt er: „Das geht doch gar nicht. Wie soll ich denn den Bus in meine Garage kriegen?"

Drei Freunde sind auf Sauftour. Als sie zusammen nach Hause wanken, begegnen sie einer guten Fee, die ihnen anbietet, jeweils drei Wünsche zu erfüllen. Der erste ist total aus dem Häuschen und wünscht sich fünf Milliarden Euro auf einem Schweizer Nummernkonto! Der zweite kann sein Glück ebenfalls kaum fassen und ordert zehn Milliarden Euro auf einem Konto in der Karibik.

Der dritte schaut nur verdutzt und lallt: „Und ich wünsch mir, dass mein Kopf immer schön hin und her wackelt!"

Die Fee schnippt kurz mit ihrem Zauberstab und schon sind alle drei Wünsche in Erfüllung gegangen.

Als es zum zweiten Wunsch kommt, wünscht sich der Erste eine Villa auf Mallorca, mit eigenem Strand und allem, was dazu gehört, der Zweite zwei Villen auf verschiedenen Südseeinseln mit großem Privatgrundstück und allem, was man halt so dazu braucht.

Der Dritte hingegen sagt. „Ich wünsch mir, dass meine Beine die ganze Zeit Tango tanzen!" Die beiden anderen schütteln nur den Kopf. Aber sie denken sich, dass ihr Kumpel schon wissen wird, was er sich da wünscht.

Als es an den dritten Wunsch geht, hätte der Erste gern fünf Supermodels, die alles tun, was er möchte. Der Zweite, wenig einfallsreich, erhöht auf zehn attraktive Damen. Der Dritte hingegen plädiert für einen großen gelben Regenschirm mit Micky-Maus-Ohren!

Einige Zeit später treffen sich die drei Freunde wieder. Der Erste schwärmt: „Mannmannmann! Die letzten Tage waren die besten in meinem Leben! Unfassbar, wie gut die Zeit war!" Der Zweite schließt sich dem voll an, zumal er ja von allen sogar doppelt so viel hat. Der Dritte aber stellt, in einer Hand seinen riesigen Regenschirm, nur genervt fest: „Ach, Jungs. Ich war echt ganz schön besoffen, als ich mir diese Scheiße hier gewünscht hab, findet Ihr nicht?"

Zwei Besoffene haben auf dem Weg von der Kneipe Richtung zuhause die falsche Abzweigung genommen und laufen über Bahngleise.

Der erste murmelt: „Diese Treppe hier nimmt und nimmt kein Ende. Verrückt, oder?"

Flucht der andere: „Wäre ja kein Problem, wenn nur das Geländer nicht so niedrig wäre!"

Raffael steht nachts vor einem Laternenpfahl und versucht schon seit geraumer Zeit, diesen mit seinem Schlüssel aufzuschließen. Ein Passant läuft an ihm vorbei und meint: „Machen Sie sich keine große Mühe. Da drin wohnt keiner."

„Ach, so ein Blödsinn", gibt Raffael zurück, „schauen Sie doch mal näher hin! Im ersten Stock brennt doch eindeutig noch Licht!"

Ein Ehepaar verabschiedet sich von den Gastgebern einer Party. Diese versuchen die beiden scheidenden Gäste noch dazu zu überreden, ein bisschen länger zu bleiben. Doch die Ehefrau winkt ab: „Tut uns leid, aber wir müssen dringend nach Hause. Denn wir haben heute noch einen richtigen Ehekrach vor uns!"

Zwei Freunde laufen betrunken nach Hause. Plötzlich kramt einer seine Geldbörse hervor, steuert einen Zigarettenautomaten an und zieht sich eine Packung Kippen nach der anderen. Sein Kumpel sieht das und meint: „Hey, meinst du nicht, dass du langsam genug hast? Du rauchst doch gar nicht so viel."

„Jetzt aufhören? Bist du verrückt, Mann? Ich hab grad voll die Gewinnsträhne!"

Herr Frieder hat seinen Hausschlüssel vergessen und klingelt daher seine Frau um halb drei Uhr nachts aus den Federn, als er von der Kneipe nach Hause kommt. Diese öffnet ihn mit dem Nudelholz in der Hand die Tür.
Darauf er: „Hallo Schatz! Na, so spät am Abend noch am Backen?"

Ein betrunkener Mann steht in der Straßenbahn und beschimpft die Fahrgäste zu seiner Linken: „Hier stehen nur Idioten, lauter Idioten!" Die Leute zu seiner Rechten brüllt er an: „Und hier nur Ehebrecher, nur Ehebrecher!" Plötzlich springt ein Mann auf schreit ihn an: „Was fällt Ihnen ein? Ich bin seit 20 Jahren verheiratet und habe meine Frau in all der Zeit noch nie betrogen!"
Darauf wedelt der Betrunkene mit seinen Armen und erwidert lallend: „Dann setz dich doch rüber zu den Idioten!"

Die beiden Bauarbeiter Jürgen und Thomas sind zwei Jungs, die so schnell nichts umhaut. Auf dem Heimweg aus der Kneipe sagt allerdings Thomas ziemlich bedrückt zu Jürgen: „Mensch, Jürgen, ich habe nun doch ganz schön Schiss vor meiner Alten. Du auch?"
Da lallt Jürgen: „Ach nee, du, ich kenn die doch gar nicht!"

Marco hat ein paar Bierchen getrunken und steht bereits wieder vor seinem Haus. Doch anstatt die Tür aufzusperren, hält er sich erst einmal am Briefkasten fest. Dabei rutscht er mit der Hand in den Briefkasten- schlitz und ruft daraufhin erleichtert aus: „Gott sei Dank ist das Biest nicht bissig!"

Ein Betrunkener kriecht mitten in der Nacht schon seit einer halben Stunde im Kreis um eine Laterne. Ein Passant bemerkt das Treiben und hält staunend an.
„Sagen Sie mal, suchen Sie hier etwas?"
„Ja, schon. Ich hab meine Schlüssel verloren."
„Und Sie sind sich sicher, dass Sie die hier verloren haben? Sie suchen doch schon eine ganze Weile!"
„Nee, die Schlüssel liegen irgendwo da hinten. Aber da ist's so dunkel, da find ich eh nichts. Und hier ist's wenigstens hell."

Stehen zwei Männer nach einer langen Nacht am Straßenrand. Die beiden sind mittlerweile gut betrunken und gerade aus ihrer Lieblingsbar gekom- men. Da es eine lange Nacht war und sie auch reichlich Flüssigkeit zu sich genommen haben, gibt es ein Problem mit der vollen Blase. Aber nachdem die beiden wie gesagt recht blau sind, pinkeln sie kurzerhand einfach da, wo sie gerade stehen. Meint der eine auf einmal: „Also sach mal, wenn ich pinkle, ist das ganz laut, und bei dir hört man überhaupt nichts. Wie machst du denn das?"
Sagt der andere: „Ist doch einfach zu verstehen, oder? Du pinkelst an mein neues Auto und ich an deinen Mantel!"

Hugo hat es heute Abend richtig krachen lassen und hat entsprechend einen sitzen. Doch obwohl er so betrunken ist, hat er den Weg zu seiner Wohnung gefunden. Es gibt nur ein Problem: Hugo ist so betrunken, dass er nicht mehr die Tür aufsperren kann. Ein Passant kommt vorbei, sieht die verzweifelten Versuche von Hugo und spricht den Betrunkenen an: „Hey, Kollege. Kann ich dir vielleicht helfen und für dich die Tür aufsperren?"

„Für mich aufsperren? Ne, das krieg ich schon noch selber hin. Aber einen Gefallen kannst du mir tatsächlich tun. Komm doch bitte mal her und halt das Haus fest, das wackelt so!"

Da ist man blau –
und dann kommen die Herren in Grün!

Wir alle wissen: Alkohol am Steuer – das wird teuer! Trotzdem riskiert der ein oder andere immer mal wieder, sich mit ein paar Promillchen zu viel ans Lenkrad zu setzen. Meistens geht es gut. Aber längst nicht immer. Und was dann alles passieren kann – aber lesen Sie selbst …

Karl-Heinz hat sich ein paar Bierchen genehmigt und wird auf der Heimfahrt prompt von der Polizei angehalten. „So, der Herr. Pusten Sie doch bitte in dieses Gerät, damit wir Ihren Promillewert feststellen können", fordert ihn da der Polizist auf.
„Nee, das geht nicht. Ich hab doch Asthma."
„Nun gut, dann führen wir einfach einen Bluttest durch. Der ist eh präziser."
„Ach, wissen Sie, Herr Polizist. Das geht auch nicht, ich bin doch Bluter."
„Okay, ganz schön kompliziert. Dann steigen Sie einfach aus und laufen auf dieser weißen Linie geradeaus."
„Ja, sind Sie verrückt? Wie soll ich denn das anstellen, so besoffen, wie ich bin!"

„Können Sie mir Genaueres über den Mann erzählen, der Sie belästigt hat?" fragt der Polizist.
„Er roch ganz furchtbar nach Schnaps", sagt darauf die junge Dame.
„Das reicht leider nicht, ich brauche genauere Angaben."
„Puh, ich glaube es war Whisky. Ja, er hat nach Whisky gerochen."

Martin wird von der Polizeistreife aufgehalten. Sagt der Polizist: „Na, mein Herr. Sie haben heute sicher etwas getrunken, oder? So wie sie Schlangenlinien fahren … Sind Sie mit einem Alkoholtest einverstanden?"
„Aber klar, Herr Wachtmeister! Bei welcher Kneipe wollen wir denn mit dem Testen anfangen?"

Thomas kommt mal wieder in seine Stammkneipe. Meint der Wirt zu ihm: „Hey, Thomas. Wir kennen uns ja schon ewig und das ist auch wirklich keine große Sache. Aber du hast gestern vergessen, einen Schnaps zu bezahlen." „Mann, wie sich sowas rumspricht! Gestern Abend beim Nachhausefahren meinte ein Polizist zu mir, dass ich wohl einen Schnaps zu viel hatte."

Wilhelm hat den Abend über recht viel Bier getrunken und wankt zurück zu seinem Auto. Noch bevor er sich in dieses hineinsetzt, wird er von einem Polizisten angehalten, der ihn fragt: „Sagen Sie mal, Sie wollen doch nicht in Ihrem Zustand noch die Hände ans Lenkrad legen?"
Darauf der betrunkene Wilhelm: „Ach, kommen Sie, das ist doch echt unfair, was Sie da verlangen. Freihändig fahr ich doch noch viel schlechter! Vor allem in meinem Zustand!"

Was ist der Unterschied zwischen einem Polizisten und einem Kamel? Ein Kamel kann sieben Tage arbeiten, ohne dabei zu saufen.

Ein Polizist hält einen Autofahrer an, beugt sich zum Fahrerfenster hinunter und fragt den Mann hinterm Steuer: „Guten Abend, der Herr. Haben Sie denn noch Restalkohol?"
„So eine Unverschämtheit", antwortet da der Fahrer, „jetzt haltet ihr zum Schnorren schon Autos an, oder wie?"

Auf dem Polizeirevier klingelt das Telefon: „Ist dort die Polizei?"
„Jawohl!"
„Dann bleiben Sie einfach, wo Sie sind. Ich fahr jetzt gleich aus der Kneipe los …"

Samstagabend und Günther kommt in eine Polizeikontrolle. Der Polizist tritt ans Fenster von Günthers Wagen und sagt: „Fahrzeugpapiere und Ihren Führerschein bitte. Und dann steigen Sie aus, denn ich glaube, Sie sind betrunken."
„Aber Herr Wachtmeister! Ich kann Ihnen versichern, dass ich nicht betrunken bin!", ruft Günther, als er dem Polizisten seine Papiere reicht.

„Nun gut", sagt der Polizist, „dann machen wir einen Test. Stellen Sie sich Folgendes vor: Sie fahren nachts auf einer Straße entlang und dann kommen Ihnen zwei Lichter entgegen. Was ist das?"

„Ehm, das wird wohl ein Auto sein", stottert Günther.

„Ja natürlich! Aber welches denn? Ein BMW, ein VW oder vielleicht doch ein Audi?"

„Keine Ahnung!"

„Aha, dann sind Sie wohl doch betrunken!"

„Aber nein, Herr Wachtmeister."

„Gut, dann machen wir noch einen Test. Stellen Sie sich wieder vor, dass Sie nachts eine Straße entlang fahren. Da kommt Ihnen auf einmal ein Licht entgegen. Was ist das?"

„Ein Motorrad oder vielleicht ein normales Fahrrad?" „Aber das ist doch selbstverständlich! Aber ist es eine Harley oder eine Kawasaki? Ein Rennrad oder ein Mountainbike?"

„Keine Ahnung, wie soll ich das denn auch wissen können?"

„Damit ist das also bewiesen. Sie sind eindeutig betrunken, ich muss Ihnen Ihren Führerschein abnehmen."

„Okay, wenn Sie meinen. Darf ich Ihnen dann vielleicht auch eine Frage stellen."

„Aber bitte."

„Sie laufen spät abends die Straße entlang und sehen eine Frau mit Minirock, tiefem Ausschnitt und Netzstrumpfhose. Wer ist das?"

„Wahrscheinlich eine Prostituierte, warum?"

„Aber natürlich! Aber was für eine? Ihre Tochter, Ihre Mutter oder Ihre Frau?"

Stefan hat ordentlich Alkohol getankt und fährt trotzdem mit dem Auto nach Hause. Als er versucht, falsch herum in eine Einbahnstraße zu fahren, wird er von einem Polizisten angehalten: „Ja, wo wollen Sie denn hin?", fragt dieser entsetzt.

„Keine Ahnung!", ruft Stefan, „Aber anscheinend bin ich schon spät dran, denn alle anderen kommen mir ja schon wieder entgegen."

Torkelt ein Betrunkener nachts über den Parkplatz und tastet dabei über alle Autodächer. Ein Passant beobachtet das Treiben und fragt verwundert: „Was zur Hölle machen Sie denn da?"
„Na was glauben Sie denn? Ich such halt mein Auto", lallt da der Betrunkene.
„Und wie wollen Sie das anstellen, wenn Sie die Dächer anfassen? Die sind doch alle gleich!"
„Neenee! Wissen Sie, auf meinem ist ein Blaulicht drauf!"

Zwei Betrunkene wanken aus der Kneipe und diskutieren darüber, ob heute Voll- oder Halbmond ist. Meint der eine: „Ganz klar isses Vollmond! Das sieht doch ein Blinder."
„Ach, komm", meint da der andere, „wir werden uns wohl nicht mehr einig. Aber fragen wir doch den Polizisten da drüben. Der kann uns sicher weiterhelfen."
Gesagt, getan und schon ist der Polizist angesprochen. Der Wachmeister schaut daraufhin in den Nachthimmel und lallt: „Welchen Mond meinen Sie denn? Den rechten oder den linken?"

Klingelt bei der Polizei um Mitternacht das Telefon: „Hallo, spreche ich da mit der Polizei? Ja? Gut, gut. Dann kommen Sie schnell, ich sitze hier in meinem Auto und irgendwelche Idioten haben mir mein Lenkrad geklaut!"
Der Beamte wundert sich sehr, aber schon klingelt da nochmals das Telefon: „Ja, ich bin's nochmal", meldet sich dieselbe stark lallende Stimme, „Das Ganze hat sich erledigt, bleiben Sie, wo Sie sind. Ich bin nur hinten eingestiegen!"

Ein Polizist hält einen Autofahrer an und fragt diesen: „Na, haben Sie noch Restalkohol?"
„Nee, tut mir leid. „Bei mir war gestern eine große Party und wir haben alles bis auf den letzten Tropfen versoffen."

Die zwei wichtigsten Worte, wenn man bei der Fahrt von der Kneipe nach Hause von der Polizei aufgehalten wird, sind die Folgenden: Eishockey heißt: Alles okay.
Und Kanufahren heißt: Kann noch fahren.

Hält die Verkehrskontrolle einen Autofahrer an, der gerade von seiner Lieblingsbar kommt und in Schlangenlinien durch die Straßen rast.
Der Polizeibeamte: „Na, wie viel haben Sie denn getrunken?"
Der Fahrer: „Ach, schreiben Sie einfach zehn Bier auf, Champagner können Sie ja sowieso nicht schreiben."

Fahrzeugkontrolle.
„Na, haben Sie etwa getrunken, bevor Sie sich ans Steuer gesetzt haben?"
„Nein, natürlich nicht!"
„Dann haben Sie sicher auch nichts dagegen, kurz ins Röhrchen zu pusten, nicht wahr?"
„Aber gerne doch. Ins linke oder ins rechte?"

An einer belebten Straßenkreuzung stoßen, wie es der Zufall will, zwei Weinhändler mit ihren Autos zusammen. Der eine steigt aus und meint: „Na, lieber Kollege, ist ja zum Glück nur Sachschaden. Wir wollen dankbar sein, dass uns nichts Schlimmeres passiert ist. Ich habe noch eine Flasche Prosecco in meinem Wagen, damit sollten wir uns erst mal beruhigen."
Gesagt, getan, der andere setzt an und nimmt einen kräftigen Schluck. Dann reicht er die Flasche weiter an den Kollegen. Doch der meint nur: „Danke, ich trinke erst, nachdem die Polizei da war ..."

Der Chef einer kleinen Brauerei muss sich vor Gericht verantworten. Ihm wird vorgeworfen, dass er sein Lagerbier mit Wasser gestreckt und damit gepanscht hätte. Der Braumeister freilich wehrt sich und behauptet: „Das viele Wasser haben meine Kinder und nicht ich in die Fässer geschüttet!"
Der Richter beruft daraufhin die Kinder in den Zeugenstand und fragt diese: „Stimmt das, was euer Papa da gerade gesagt hat?"
„Ja, wir haben tatsächlich im Braukeller gespielt und dabei Wasser in die Fässer geschüttet."
„Und warum habt ihr das getan?", wundert sich da stirnrunzelnd der Richter.
„Na, wir haben gespielt!"
„Und was habt ihr gespielt?"
„Bierbrauer, was denn sonst?!"

„Herr Angeklagter, in meinen Unterlagen steht, dass man drei Polizisten brauchte, um Sie ins Polizeiauto zu bringen. Waren Sie betrunken?", fragt der Richter streng den Angeklagten bei Gericht.
Dieser antwortet: „Aber klar, die waren alle drei betrunken!"

Hannes steht vor Gericht. Dort wird er vom Richter gefragt: „Sie haben also einen ganzen Laster mit Schnapsflaschen gestohlen und anschließend verkauft, richtig?"
„Ja", gibt der Angesprochene zerknirscht zu. „Und was haben Sie dann mit ganzen Geld gemacht?"
„Das hab ich dann versoffen..."

„Okay, ich gebe es zu. Ich habe mitten in der Nacht auf der Straße gekniet. Aber warum heißt das denn automatisch, dass ich betrunken war?", versucht sich der Angeklagte vor Gericht zu verteidigen.
„Nun ja, Sie haben verzweifelt versucht, den Mittelstreifen aufzurollen", gibt der Richter zurück.

Robin ist chronisch pleite und steht nun auch noch wegen Steuerhinterziehung vor Gericht. Der Richter sieht ihn an und sagt: „Herr Angeklagter, an Ihrer misslichen Lage ist einzig und allein der Alkohol schuld. Der Alkohol und nichts als der Alkohol!"
„Super, Herr Vorsitzender!", freut sich Robin, „endlich mal ein vernünftiger Mensch, der nicht versucht, mir die ganze Schuld in die Schuhe zu schieben!"

Ein Autofahrer wird nachts um zwei von der Polizei angehalten. Auf die Frage, wohin der Mann denn um diese Zeit wolle, antwortet der: „Ich bin auf dem Weg zu einem Vortrag über Alkohol- und Zigarettenmissbrauch, die Auswirkungen auf den menschlichen Körper und fehlenden Schlaf durch lange Gaststättenbesuche."
Fragt der Polizist: „Wer um alles in der Welt hält denn um diese Uhrzeit so einen Vortrag?"
„Meine Frau."

Ein junger Richter ist etwas nervös vor seinem ersten Richterspruch und wendet sich daher an einen älteren Kollegen: „Sie, ich habe da einen Schwarzbrenner, der hat hunderte Fässer mit Zwetschgenwasser gebrannt. Was soll ich dem denn geben?"

„Also, keinesfalls mehr als einen Fünfer pro Flasche."

Der gut angetrunkene Thomas wankt spät nachts die Straße entlang, als ihn ein Polizist anhält. Dieser fragt den Besoffenen: „Was machen Sie denn um diese Uhrzeit noch hier draußen?"

Thomas hat sofort eine Antwort parat und lallt: „Ich bin auf dem Weg ins Theater."

„Wollen Sie mich auf den Arm nehmen? Um die Uhrzeit sind doch alle Vorstellungen längst vorbei!", antwortet der Polizist.

Darauf Thomas: „Ach, da kennen Sie meine Frau aber schlecht!"

Komm du mir heim!

Ach wie schön ist ein Kneipenabend. Aber alles hat ein Ende. Sollte der Heimweg gelingen, ohne der Polizei über den Weg zu laufen, heißt das aber noch lange nicht, dass alles überstanden ist. Denn schlagartig wird dem fröhlichen Zecher – wie am Ende des letzten Kapitels beschrieben – klar, was ihn zu Hause erwartet. Seine Frau …

Spätabends kommt ein Mann aus seiner Stammkneipe zurück nach Hause. Allerdings macht er dabei solch einen Lärm, dass seine Frau wach wird und ihm entgegenruft: „Was macht denn hier auf einmal so einen Krach?"
„Ach, die Schuhe sind gerade umgefallen."
„Aber so laut kann das doch gar nicht sein!"
„Da hast du natürlich im Prinzip Recht. Es gab nur ein Problem: Ich stand noch in den Schuhen drin."

Die Ehefrau schimpft ihren Mann gehörig aus, als dieser gut angetrunken nach Hause kommt. „Was denkst du dir denn hier dabei, dir ordentlich einen anzutrinken und dann mitten in der Nacht nach Hause zu wanken?"
„Ist doch nicht meine Schuld! Mitten drin ist mir's Geld ausgegangen, sonst wär ich nicht nur angetrunken!"

Es ist zwei Uhr nachts und eine Frau macht ihrem Mann Vorwürfe: „Ich hab dir doch gesagt, dass du bitte nur zwei Bier trinken und um zehn Uhr zuhause sein sollst!"
„Hoppla", meint da der Ehemann, „da muss ich wohl irgendwie die Zahlen verwechselt haben."

Meint sie böse zu ihrem Mann: „Sag mal, musst du jeden Abend so spät aus deiner Kneipe nach Hause kommen?"
„Nee, muss ich gar nicht. Aber ich mach das ja freiwillig!"

Tim ist wieder einmal nicht zur vereinbarten Zeit nach Hause gekommen und deswegen holt ihn seine Frau in der Kneipe ab: „Mensch Tim, du bist ja schon wieder betrunken!"
Darauf Tim: „Ach, sei still. Es ist wirklich Strafe genug, dass ich dich doppelt sehen muss ..."

Eine junge Ehefrau holt ihren Angetrauten in der Kneipe. Dieser spendiert ihr noch einen Schnaps, den sie auch annimmt. Sie trinkt den Schnaps auf Ex und schüttelt sich angeekelt.
„Na, siehst du!", ruft da der Ehemann, „und du wirfst mir immer vor, ich würde mich hier nur amüsieren!"

Am Morgen nach der Kneipentour meint der Ehemann zerknirscht zu seiner Angetrauten: „Schatz, es tut mir echt leid, dass ich gestern betrunken und mit einem blauen Auge nach Hause gekommen bin."
„Ist schon in Ordnung. Ach, und eine Sache noch: Du hattest noch gar kein blaues Auge, als du nach Hause gekommen bist ..."

Um drei Uhr morgens sieht sie ihren Mann mit einem Bier in der Küche sitzen. Sie sagt: „Zu Hause ist es doch immer noch am schönsten, oder?"
Darauf er leicht lallend: „Ist eben die einzige Kneipe, die um die Uhrzeit noch offen hat!"

„Wie hat denn eigentlich deine Frau reagiert, als du gestern so völlig besoffen nach Hause gekommen bist, Karl? Hat sie noch arg geschimpft?"
„Nee, geschimpft hat die gar nicht. Nicht mal groß was gesagt. Und den Zahn wollte ich mir eh dieser Tage ziehen lassen."

Beschwipst kommt Matthias nach Hause, torkelt durch den Gang ins Wohnzimmer und wirft dabei das Goldfischglas runter. Dann macht er das Licht an und wirft einen Blick auf den nach Luft japsenden Fisch. „Na klar, das hab ich aber gern! Erst einen riesigen Krach veranstalten und danach nach seinem Herrchen schnappen!"

Er kommt betrunken aus der Kneipe nach Hause und schleift einen Sessel ins Schlafzimmer. Sie wacht auf und meint total verwirrt: „Was soll denn die Aktion jetzt bitte?"

Darauf lallt er: „Naja, wenn die große Theatershow losgeht, will ich wenigstens in der ersten Reihe sitzen!"

Ein Ehemann wacht morgens mit einem grausamen Kater auf, nachdem er die letzte Nacht mit seinen Freunden in der Kneipe gezecht hat. Die Kopfschmerzen sind kaum auszuhalten und er hat keine genaue Erinnerung mehr an den letzten Abend. Er zwingt sich dazu, die Augen zu öffnen und sieht auf dem Nachttisch eine Packung Aspirin und ein Glas Wasser. Außerdem ist das Zimmer schön aufgeräumt und an der Tür hängt ein Zettel, auf dem steht: „Schatz, dein Frühstück steht in der Küche. Ich bin schnell beim Einkaufen. Und ach: Ich liebe dich."

Also geht der Mann langsam die Treppe nach unten und sieht in der Küche tatsächlich ein Frühstück. Da kommt sein Sohn in die Küche und grinst ihn an. Meint der Mann: „Okay, Kleiner. Weißt du vielleicht, was gestern passiert ist?"

„Naja, Papa. Du bist so gegen vier Uhr völlig betrunken nach Hause gekommen. Dann hast du erstmal in den Gang gekotzt, bist die Treppe kaum mehr hoch gekommen und hast die meisten unserer Möbel auf dem Weg umgeworfen."

„Ach du liebe Güte! Und warum ist dann alles hier so sauber aufgeräumt? Und warum hat mir die Mama ein Frühstück gemacht?"

„Lass mich doch fertig erzählen. Die Mama hat dich dann auf's Bett gewuchtet. Aber als sie dir deine Hose ausziehen wollte, hast du gestammelt: „Hände weg, du Flittchen! Ich bin glücklich verheiratet!"

Ein Mann kommt morgens um halb sechs völlig betrunken zu Hause an. Sein Hemd ist schlecht zugeknöpft, seine Schuhe vollgekotzt und an seiner Backe sieht man noch die Überreste von Lippenstift. Seine Frau bemerkt sein Ankommen und schreit ihn an: „Du hast hoffentlich einen guten Grund, um in solch einem Aufzug nach Hause zu kommen?!"

„Klar, ich hab Hunger. Wann gibt's Frühstück?"

Max kommt nachts völlig betrunken nach Hause. Im Flur fragt ihn seine Frau:
„Wo kommst du denn um die Uhrzeit her?"
„Na aus meiner Lieblingskneipe!"
„Und warum hast du einen Pokal in der Hand?"
„Wir haben vorhin ein paar Rechenaufgaben im Kopf gelöst. Die Frage war, was 5 mal 9 ist und ich war mit 57 am nächsten dran."

Ein Mann kommt nachts um drei gut angeheitert nach Hause. Dort wartet schon seine wütende Frau, die einen Besen in der Hand hält. Darauf der Mann: „Na, bist du schon wieder am Putzen oder fliegst du heute noch weg?"

Eine Frau klagt ihrer besten Freundin, dass ihr Mann oft betrunken nach Hause kommt. Diese rät ihr: „Stell dich doch einfach mit einer Kerze in den Hausgang, wenn er das nächste Mal nach Hause kommt. Sieht er nur ein Licht, ist er nüchtern. Sieht er zwei Lichter, würde ich mir Gedanken machen. Und bei drei Lichtern kannst du dir dann sicher sein, dass dein Mann wirklich betrunken ist."
Die Frau probiert das Ganze prompt aus. Als ihr Mann dann am nächsten Abend nach Hause kommt, begrüßt er seine Frau mit den Worten: „Sag mal, Schatz: Was macht denn der Weihnachtsbaum hier im Gang?"

„Aber Schatz, wie kommst du darauf, dass ich gestern betrunken war, als ich nach Hause gekommen bin?"
Darauf sie schnippisch: „Könnte daran liegen, dass du versucht hast, dem Kuckuck in unserer Kuckucksuhr Singen beizubringen."

Ein Betrunkener wankt von der Kneipe nach Hause. Nachdem er endlich angekommen ist, fragt er im Bett seine Frau: „Du Schatz, sag mal, haben Zitronen eigentlich kleine gelbe Füße?"
„Nein, wie kommst du denn darauf?"
„Dann habe ich gerade den Kanarienvogel in den Tee gedrückt."

Daheim trinkt sich's am Schönsten

Der Gastgeber fragt einen schnöseligen Gast auf der Party: „Na, wie schmeckt dir denn der Wein, den ich gekauft habe?"
„Nicht schlecht, nicht schlecht. Noch ein bisschen Öl, Salz und Pfeffer und schon könnte man damit prima einen Salat anmachen."

Bei einer Privatparty kommen zwei Gäste ins Gespräch. Fragt der eine: „Sagen Sie mal, ich kenne Sie doch irgendwoher, oder? Haben wir beide uns nicht bei dieser irrsinnig langweiligen Party vorletzte Woche kennengelernt?"
„Ja, da erinnere ich mich auch an etwas. Die Party im Haus in der Mainzer Straße?"
„Genau, in diesem geschmacklos eingerichteten Haus."
„Dann war das zwangsläufig ich, den Sie da kennengelernt haben."
„Warum denn zwangsläufig?"
„Ich war der Gastgeber."

Kathi gibt zum ersten Mal eine Cocktailparty und ist entsprechend aufgeregt. Da kommt ihr ihre Freundin Manuela entgegen und fragt: „Du, der Martini, den du mir vorhin gemacht hast, schmeckt aber komisch."
„Echt? Ich muss zugegeben, mir sind irgendwann die Oliven ausgegangen. Aber da hab ich dann einfach ein bisschen Olivenöl genommen und dir das ins Glas gekippt."

Olli gibt eine rauschende Silvesterparty, die Stimmung ist auf dem Höhepunkt. Doch schon um halb eins in der Nacht beginnt Olli sich von seinen Gästen zu verabschieden. Diese sind etwas pikiert und fragen: „Hey, Olli. Willst du uns etwa schon rauswerfen? Es ist ja doch etwas früh und die Party ist doch noch voll im Gange."
„Neeee", lallt Olli, „bleibt ruhig noch ein paar Stündchen. Aber wisst ihr, jetzt kann ich euch alle noch auseinanderhalten und später wird das mit der persönlichen Verabschiedung dann schwerer."

Auf einer Party legt der schon gut betrunkene Peter seine Hand auf die einer fremden Frau. Diese zischt ihm böse zu: „Nehmen Sie gefälligst Ihre Hand da weg und legen Sie sie woanders hin!"
Da grinst Peter sie an und meint: „Würde ich ja gerne. Aber wenn ich das jetzt hier gleich tue, schauen die anderen sicher komisch. Wollen wir nicht ins Nebenzimmer gehen?"

Auf der Cocktailparty versucht der sichtlich angetrunkene Martin schon seit einiger Zeit die Olive in seinem Martiniglas aufzuspießen. Sarah beobachtet ihn mitleidig dabei und kommt ihm nach einer Viertelstunde doch zur Hilfe. Kaum hat sie die Olive aufgespießt, murmelt Martin: „Kein Kunststück. Jetzt, wo ich das verdammte Ding müde gemacht hab."

Unterhalten sich zwei Männer bei einer Party. Nachdem sie sich ganz gut verstehen, bietet der eine dem anderen eine Zigarette an. Darauf der andere: „Echt nett von dir. Aber ich hab das mit dem Zigarettenrauchen einmal probiert und dann wieder sein lassen. Hat mir nicht gefallen und ich hab nie wieder geraucht."
„Ah, okay. Kann ich dir dann vielleicht noch einen Drink von der Bar mitbringen? Ich wollte mir gerade noch einen holen."
„Nee, ich hab einmal einen Drink genommen und das hat mir auch nicht geschmeckt. Seitdem trinke ich nicht mehr."
„Aha, ich verstehe."
„Ja, und jetzt wo ich auf die Uhr sehe, stelle ich fest: Ich muss eh los, denn ich wollte noch meinen Sohn besuchen."
Darauf der andere trocken: „Sicher ein Einzelkind, oder?"

Oliver ist auf einer schicken Party eingeladen. Nachdem er ein paar Gläser Rotwein intus hat, passiert ihm ein Missgeschick und er schüttet ein Glas Wein auf seine Sitznachbarin. Diese schaut auf ihr ruiniertes Abendkleid und meint nur: „Oh nein, was für ein Unglück."
Darauf winkt Oliver ab: „Ach, so schlimm ist das nicht. Ich trinke eh lieber Bier."

Fabian wird auf einer Party von der Gastgeberin begrüßt: „Wie schön, dass du es auch noch geschafft hast, Fabian! Darf ich dir etwas zu trinken bringen? Tee, Kaffee, Wein, Bier?"
„Ach, mach dir keine Umstände wegen mir. Wein und Bier reichen völlig!"

Die Party in der Stammkneipe scheint und scheint nicht aufzuhören und da keiner der Gäste nach Hause gehen will, meint der Wirt verzweifelt: „Kann ich euch Jungs noch was bringen? Vielleicht ein Bier, einen Kaffee oder ein Taxi?"

Auf einer Party: „Also wegen mir könnte man gerne allen Alkohol der Welt ins Meer kippen."
„Ach, Sie sind also Antialkoholiker?"
„Nee, aber ich schwimme gerne im Meer."

Alkohol im Alltag

Das Böse – also der Alkohol – ist immer und überall. Beweise gefällig?
Aber gern!

Höhere Weihen ...

Die Geschichte des Christentums ohne Alkohol zu erzählen, ist fast nicht mög-
lich. Also bitte: nicht missverstehen jetzt. Aber was wäre unsere Kultur ohne
Klosterbrauereien, Messwein und edle Schnäpse aus Gottes Kräutergarten. Und
das Bodenpersonal war einem guten Tropfen auch selten abgeneigt. Das ka-
tholische allemal. Denn gefastet wurde mit Starkbier. Und wenn aufgrund des
Zölibats für die Geistlichen das Weib wegfiel, blieben eben Wein und Gesang
übrig. Aber hallo!

Die Rheinländer sind bekannt dafür, dass sie Feste richtig feiern können,
besonders Hochzeiten. So kam es, dass ein Pfarrer und sein Kaplan auf einer Hochzeit zu viel vom guten Wein angeboten bekamen und nach der
Feier im Straßengraben landeten.
Nach einiger Zeit lallt der Kaplan: „Hochwürden, glauben Sie an die Aufer-
stehung?"
„Für die nächsten drei Stunden bestimmt nicht", röchelt der Gefragte.

Grenzkontrolle am Flughafen: Ein Pfarrer wird nach dem Inhalt einer Flasche
gefragt, die er bei sich trägt.
„Na, Weihwasser!"
Der Zollbeamte öffnet die Flasche und stellt fest:
„Das ist ja Cognac!"
Der Pfarrer breitet die Arme aus und ruft: „Ein Wunder, ein Wunder!"

Ein Betrunkener wankt in den Beichtstuhl. Der Pfarrer ist etwas überrascht und spricht den Mann daraufhin an: „Mein Sohn, was kann ich für dich tun?"

Der Betrunkene antwortet jedoch nicht und auch als der Pfarrer seine Frage wiederholt, bleibt er stumm. Da klopft der Pfarrer an die Wand. Endlich reagiert der Betrunkene, indem er brummend sagt: „Was für ein Laden. Ständig redet irgendein Typ, der anscheinend seinen Sohn sucht. Dann klopft es auch noch. Und was noch viel schlimmer ist: Ich kann kein Klopapier finden!"

Der Pfarrer predigt über den Alkoholismus: „Und immer, wenn ich einen Betrunkenen aus der Kneipe schwanken sehe, möchte ich ihm zurufen: ‚Mein Freund, du bist auf dem falschen Weg, kehre um!"

Der Dorfpfarrer in Hintertupfing ist sehr verärgert: „Ein gottloses Volk lebt hier in diesem Dorf", schimpft der Gottesmann bei der Predigt. „Ich mühe mich und mühe mich, um die Leute zu bekehren. Was aber machen die? Die Hälfte der Gemeinde sitzt im Wirtshaus und säuft einem das Bier weg!"

„Herr Pfarrer, Sie haben doch gestern in Ihrer Predigt erklärt, dass der Alkohol unser aller Feind sei, nicht wahr?", fragt ein frommer Christ seinen Seelsorger, als er diesen zufällig auf der Straße trifft.
„Ja, mein Sohn."
„Aber steht nicht auch in der Bibel, dass man seine Feinde lieben soll?"

Ein Pfarrer sitzt vor einem guten Glas Rotwein und leckt sich die Lippen. Er denkt: „Komisch, wenn der Wein den Leuten schmeckt, sagen sie: Teufel auch, ist der gut! Wenn er ihnen aber nicht schmeckt, dann sagen sie: Herrgott, ist der sauer!"

„Man darf nicht Wasser predigen und Wein trinken. Deshalb muss man auch mal auf ein Opfer verzichten können", sagte der Pfarrer, als er die dritte Weinflasche entkorkte.

Ein betrunkener Homosexueller kommt in eine katholische Kirche und ruft entsetzt zu dem Pfarrer, der den Weihrauchkessel schwingt: „Herr Pfarrer, Herr Pfarrer, ihr Handtäschchen brennt!"

Ein Kaplan hat vor seiner ersten Predigt ziemliches Lampenfieber. Er fragt den Pfarrer, was er dagegen tun könne. Der rät ihm, vor dem Spiegel zu üben und zur Beruhigung einen Schnaps zu trinken, und zwar immer dann, wenn er das „Zittern" bekäme. Er selbst habe das in seiner Anfangszeit auch immer so gemacht. Nachdem der Kaplan ein Dutzendmal gezittert hat, besteigt er die Kanzel.

Nach Beendigung des Gottesdienstes ist der Kaplan beim Pfarrer zum Essen eingeladen und fragt ihn, was er von seiner Rede gehalten habe. Der Pfarrer lobt die Rede sehr, aber erklärt dem Kaplan, dass er leider zehn Fehler begangen habe:

„Erstens: Eva hat Adam nicht mit der Birne verführt, sondern mit dem Apfel.

Zweitens: Kain hat Abel nicht mit der Pistole erschossen, sondern er hat ihn erschlagen.

Drittens: Es heißt nicht „Berghotel", sondern „Bergpredigt".

Viertens: Jesus ist nicht an der Kreuzung überfahren worden, sondern er ist ans Kreuz geschlagen worden.

Fünftens: Gott opferte seinen Sohn nicht den Eingeborenen, sondern seinen eingeborenen Sohn.

Sechstens: Es ging nicht um den warmherzigen Bernhardiner, sondern um den barmherzigen Samariter.

Siebtens: Es heißt nicht: „Sucht mich nicht in der Unterführung", sondern: „Führe mich nicht in Versuchung".

Achtens: Sie hätten nicht sagen sollen: „Dem Hammel sein Ding", sondern: „Dem Himmel sei Dank!"

Neuntens: Verkehrt war auch: „Jesus, meine Kuh frisst nicht". Es hätte heißen müssen: „Jesus meine Zuversicht".

Zehntens: Und zum Schluss heißt es nicht „Prost", sondern „Amen". Aber der Rest war ganz in Ordnung ..."

Mitten in der Nacht gegen halb zwei klingelt das Telefon beim Pfarrer. Schlaftrunken nimmt er den Hörer ab.

„Hallo", lallt einer am anderen Ende der Leitung, „spreche ich mit'm Wirt vom Schwarzen Adler? Wir bräucht'n noch zwei Kästen Bier!"

„Nein, hier ist der Pfarrer von St. Michael!", entrüstet sich der Geistliche.

„Ja, auch nicht schlecht", tönt es aus dem Telefonhörer, „was tut denn um die Zeit unser Pfarrer noch im Wirtshaus?"

Alkohol am Arbeitsplatz

Theoretisch verboten. Aber die Praxis sieht dann doch manchmal ein kleines bisschen anders aus ...

Der Chef kommt auf die Baustelle und fragt einen der Maurer: „Na, was habt ihr denn heute schon geschafft?"

„Zwei Kästen Bier!"

Ein Friseur hat in der Wirtschaft neben seinem Salon einige Gläschen gekippt. Bester Laune macht er sich wieder an die Arbeit – und prompt schneidet er schon dem ersten Kunden ins Ohrläppchen.

„He!", empört sich der Mann im Stuhl, „können Sie nicht aufpassen? Meinen Sie vielleicht, wenn ich eine Operation will, da komme ich zu Ihnen?"

Der Friseur ist solche energische Worte nicht gewöhnt, aber er behält die Munterkeit des Angesäuselten.

„Wieso? Der kleine Schnitt blutet ja nicht einmal."

„Was – blutet nicht", erregt sich der Kunde. „Das halbe Ohr haben Sie mir abgeschnitten."

„Was denn", antwortet der Friseur, „meinen Sie denn, für zehn Euro würd' ich Ihnen den ganzen Kopf abhauen?"

Der Butler Alfons öffnet dem alten Grafen zu Weinstein die Tür und sagt dabei: „Na, mal wieder in der Kneipen einen Saufen gewesen, du hässlicher Alter?"

„Nein, Alfons, das nicht. Aber ich war ein Hörgerät kaufen ..."

Ein Mann sitzt traurig und alleine an der Bar und schaut in seinen Whisky. Setzt sich ein anderer Barbesucher zu ihm und meint. „Hast du heute einen schlechten Tag erwischt, was?"

Darauf der Whiskytrinker: „Kannst du so sagen. Aber ganz allgemein hängt mir meine Arbeit zum Hals raus. Ewig sitz ich am Beckenrand, das frustriert so!"

„Ach, dann bist du sicher der Bademeister vom Freibad um die Ecke, oder?"

„Bitte was? Nee, ich bin Gynäkologe!"

„Nein, Männer. Ohne einen Flaschenzug schafft ihr das nie", bemerkt der Polier, als er einige Bauarbeiter beobachtet, wie sie sich angestrengt bemühen, einen großen Stahlträger nach oben zu stemmen.

„Da sagen Sie uns nix Neues", brummelt einer der Männer, „aber die ganzen Pullen sind leer!"

Zwei alte Schulfreunde treffen sich zufällig in der Kneipe. Der eine hat einen schicken Anzug an und trägt auch eine teure Uhr. Sagt der andere: „Na, bei dir scheint es ja richtig gut zu laufen! Wie bist du denn so reich geworden, wenn man fragen darf."

„Ach, dank einer Spielbank!"

„Das ist ja mal ungewöhnlich! Bist du so ein guter Spieler?"

„Nee, ich spiele überhaupt nicht. Aber ich habe ein Leihhaus, das direkt neben einer Spielbank liegt."

Zwei Vertreter sitzen in der Kneipe und prahlen über ihre Verkaufserfolge. Der eine erzählt: „Jaja, seit gut 20 Jahren verkaufe ich mittlerweile Kühlschränke in der Antarktis."

„Ach und? Ich verkaufe schon seit Jahren Kuckucksuhren an Österreicher!"

„Bitte was? Ich verstehe echt nicht, was daran jetzt so toll sein soll!"

„Ich verkaufe ja auch drei Säcke Vogelfutter mit jeder Uhr mit!"

Kommt ein zerstreuter Professor in eine Kneipe und grübelt dort über seine Probleme. Nach einer Stunde schreckt er auf einmal auf und meint zum Wirt: „Entschuldigen Sie bitte, aber haben Sie vergessen, mir meinen Wein zu servieren? Oder habe ich einfach vergessen, ihn zu bestellen?"

Ein Fernsehtechniker sitzt in der Kneipe und klagt seinem besten Freund sein Leid. „Du ahnst nicht, was mir heute passiert ist. Da ruft mich ein altes Ehepaar, weil deren Fernsehbild anscheinend unscharf war. Naja, ich fahr eben zu denen nach Hause und schraub drei Stunden an deren alten Fernsehkiste rum. Und was ist dann am Ende? Die beiden haben einfach nur ihre Brillen vertauscht!"

Im Betrieb ist Mittagspause. Seit neuem herrscht striktes Alkoholverbot und daher kontrolliert der Chef heute seine Mitarbeiter. „Sagen Sie mal, Schmid. Was haben Sie denn da in dieser braunen Tasche?"
„Eeeehm, Futter für das Pferd meiner Tochter."
„Bitte was? Zeigen Sie doch mal her." Schmid kommt der Aufforderung nach und zieht zwei Flaschen Schnaps aus der Tüte.
„Aber Schmid, das ist doch hochprozentiger Schnaps, oder?"
„Ja, zugegeben. Aber das Pferd hat auch ein leichtes Alkoholproblem."

Der Wirt einer stadtbekannten Kneipe war früher Bodybuilder und protzt gerne mit seiner körperlichen Kraft. Daher hat er auch einen Preis ausgesetzt: Derjenige, der es schafft, mit bloßen Händen einen Tropfen Saft aus einer Zitrone herauszupressen, die der Wirt zuvor schon ausgepresst hat, bekommt sofort 200 Euro auf die Hand. Jahrelang versuchen Kraftprotze, Gewichtheber und Kampfsportler ihr Glück. Doch niemand schafft es, auch nur einen Tropfen aus der ausgepressten Zitrone herauszudrücken. Da kommt eines Tages ein kleines Männchen im grauen Anzug in die Bar und will auch am Wettbewerb mitmachen. Die ganze Stube biegt sich vor Lachen und auch der Wirt muss ziemlich grinsen. Aber abgemacht ist abgemacht, der Wirt holt also eine Zitrone und presst mit beiden Händen Saft aus dieser. Anschließend schnappt sich das unscheinbare Männchen die übrig gebliebene Zitrone und drückt ohne mit der Wimper zu zucken einen, dann zwei und schließlich sogar sieben Tropfen Saft aus dieser. Das Publikum staunt und beklatscht den neuen Kneipenbesucher. Und auch der Wirt kommt aus dem Staunen nicht mehr heraus und fragt: „Sag mal, was arbeitest du denn, dass du solche Kräfte besitzt?"
Darauf das Männchen: „Ich bin Steuerprüfer beim Finanzamt."

Der Kapitän eines Flugzeuges hat Geburtstag und feiert daher schon im Cockpit mit seinen befreundeten Stewardessen. Es fließt auch gut Alkohol. Doch nach dem vierten Glas Whisky sagt der Pilot: „Also Mädels, das ist echt super mit euch! Aber jetzt muss ich doch mal aufhören, Whisky zu trinken. Denn da unten auf dem Rollfeld steht dann noch mein Auto und ich muss ja noch nach Hause fahren."

Marco erzählt, dass er Tischler sei. Fragt ihn Peter „Was für ein Tischler denn? Möbel oder Bau?" „Stamm."

Warum dürfen die Maurer keinen Alkohol mehr trinken?
Damit sie nicht so kräftig auf den Putz hauen!

Frau Hagenbeck und Frau Wichert treffen sich auf der Straße. Meint die eine zur anderen: „Ehrlich gesagt, Ihr Mann schaut zur Zeit aber wirklich schlecht aus." Darauf die andere: „Kein Wunder. Er arbeitet momentan bei einer Firma für Fertighäuser. Jeden dritten Tag gibt's ein Richtfest!"

Julian sitzt betrunken neben seinem Freund Hannes. Meint Hannes: „Was ist denn los mit dir? Du schaust ganz schön traurig aus."
„Joa, ich war heute Morgen auf dem Arbeitsamt. Und die haben mich ganz schön deprimiert."
„Na das wundert mich aber. Dass gerade ein Amt einen solchen Idioten wie dich prämiert!"

Unterhalten sich zwei Nachbarinnen: „Ach, mein Mann hat seit zwei Wochen einen neuen Job in der Brauerei die Straße runter bekommen."
„Und wie gefällt ihm die Arbeit?"
„Keine Ahnung, ich habe ihn seitdem nicht mehr gesehen."

Klein Erwin ist der Sohn von Betonbauer Erwin senior. Fragt er seinen Vater: „Du, Papa, warum dreht sich eigentlich die Erde?"
Darauf Erwin senior erschreckt: „Um Himmelswillen, Bub! Du warst doch nicht etwa an der Bierflasche!"

Friseurin Michaela kommt zurück vom Camping-Urlaub in Schottland. Mitfühlend fragt ihre Kollegin: „In den Highlands hat es doch immer so viele Mücken im Sommer. Haben die euch nicht arg gepiesackt?"
Darauf Michaela spöttisch: „Eigentlich nicht. Bis zwei Uhr nachts war mein Mann immer so betrunken, dass er die Stiche nicht bemerkt hat. Und ab drei Uhr waren die Biester dann so betrunken, dass sie nicht mehr fliegen konnten!"

Zwei Maurer treffen sich am Morgen. Fragt der eine den anderen: „Hast du heute schon gefrühstückt?"
Antwortet der andere: „Nein, noch keinen Tropfen!"

Angeheiterter Mitarbeiter zum Chef: „Ich kündige!"
„Warum?"
„Die Arbeit beeinträchtigt mein Trinken zu stark."

Ganz privat:
Suff kommt in den besten Familien vor ...

Eigentlich ein düsteres Kapitel: Alkohol in den eigenen vier Wänden. Da, wo es niemand sieht. Außer uns!

Unterhält sich Thomas mit seinem Schwiegervater in spe: „Also ich trinke nicht, rauche nicht und spiele nicht."
„Du trinkst nicht?"
„Nein. Das muss echt schon Jahre her sein, dass ich zuletzt eine Schnaps- oder Bierflasche angefasst habe."
„Dann kannst du dir das mit der Heirat gleich aus dem Kopf schlagen?"
„Aber warum denn?", ruft Thomas entsetzt.
„Glaubst du ernsthaft, ich will einen Schwiegersohn, der mir immer als Beispiel vorgehalten wird?"

Gabriel kommt leicht angetrunken aufs Standesamt und meint: „Hallo, liebe Leute. Kann man hier eine Geburtsurkunde beantragen?"
„Ja, das lässt sich machen."
„Na dann schreiben Sie beiden doch, dass ich heute Morgen Zwillinge bekommen habe! Also meine Frau, nicht ich persönlich."
„Herzlichen Glückwunsch! Aber warum sagen Sie ‚Sie beide'? Ich bin doch nur alleine hier."
„Bitte was, Sie sind nicht zur zweit? Dann lassen Sie das mit der Urkunde besser mal sein. Ich schaue mal nach, ob das wirklich Zwillinge sind ..."

Julia bringt zum ersten Mal ihren Freund nach Hause. Dieser wird gleich vom Vater ins Kreuzverhör genommen. „Also, meine Tochter hat ja sehr von dir geschwärmt. Aber eine Schwäche wirst du wohl auch haben, oder? Trinkst du etwa?"
„Ach, wo denken Sie denn hin! Trinken ist doch gerade meine Stärke!"

„Toni, eines sag ich dir! Nie wieder sauf ich so viel wie gestern Nacht."
„Was ist denn los? So viel hattest du doch gar nicht getrunken, oder?"
„Viel zu viel! Als ich nach Hause gekommen bin, hab ich meine Schwiegermutter doppelt gesehen."

Unterhalten sich drei ältere Herrschaften über ihre Söhne. Meint der eine:
„Also ich bin echt stolz auf meinen Fabian! Der hat BWL studiert und hat
jetzt mehrere Beratungsagenturen. Acht Stück insgesamt!"
„Geht mir ähnlich! Mein Großer hat zwar nur Tankwart gelernt, hat mittlerweile jedoch eine ganze Tankstellenkette mit sieben Tankstellen!"
Der dritte der Männer schweigt so lange, bis die beiden anderen nachfragen, was denn mit seinem Sohn los sei. Und vor allem, womit er sein Geld
verdiene. Meint der Angesprochene: „Naja, ist mir schon etwas peinlich.
Aber mein Sohn hat keine Arbeit und schwul ist er auch noch."
„Und wie verdient er dann sein Geld?"
„Naja, er hat zwei Liebhaber. Der eine hat sieben Tankstellen, der andere
acht Beratungsagenturen ..."

„Gestern hab ich übrigens endlich mal wieder meinen Neffen gesehen!"
„Wie schaut der Gute eigentlich aus?"
„Naja, er ist ziemlich klein, fast kahl und er trinkt und trinkt und trinkt."
„Um Gottes Willen! Und wie alt ist der dann?"
„Puuh, so vier Monate vielleicht."

Unterhält sich Florian mit seinem Schwiegervater in spe.
„Nein, nein. Ich trinke nicht, rauche nicht, lüge nicht und fluche selbstverständlich auch nicht. Aber gestern ist mir so eine Scheiße passiert, das
glauben Sie nicht! Da sitze ich nichtsahnend an der Bar und denk so vor
mich hin. Und auf einmal fällt mir meine Kippe ins Bierglas!"

Die Hochzeitsfeier ist in vollem Gange. Alle Gäste sind mehr oder weniger angeheitert. Plötzlich vermisst der Bräutigam seine Braut. Schließlich findet er
sie im Schlafzimmer in den Armen seines besten Freundes.
Aufgeregt rennt er zu den anderen Gästen: „Ihr werdet es nicht glauben, aber
das müsst ihr selber sehen! Paul ist so betrunken, dass er glaubt, er wäre ich!"

Unterhalten sich in der Kneipe ein junger und ein älterer Mann miteinander. Sagt der Junge: „Ich hab vielleicht noch nicht so viel Lebenserfahrung, aber eines weiß ich sicher: Wenn ich einmal heirate, schicke ich die Schwiegermutter erstmal für sechs Jahre in Urlaub. Wohin ist egal, Hauptsache weit weg!"
Meint der ältere Herr beeindruckt: „Eine super Idee ist das! Wollen Sie nicht gleich meine Tochter heiraten?"

Mayers Sohn studiert seit neustem in einer anderen Stadt. Vater Mayer will seinen Sohn besuchen und klingelt bei der Adresse, die sein Sohnemann ihm gegeben hat. Allerdings antwortet niemand auf sein Klingeln. Da kommt der Hausmeister um die Ecke, den Vater Mayer gleich anspricht: „Sagen Sie mal, wohnt hier der Student Mayer? 20 Jahre alt und kurze dunkle Haare."
„Ach ja, der wohnt hier", sagt der Hausmeister zerstreut und ohne sich den Vater genau anzusehen. „Tragen Sie den besoffenen Hund doch einfach rauf, ja? Das machen wir sonst auch immer so."

Frau Erna klagt der Nachbarin ihr Leid. „Es ist ein Leid mit meinem Mann! Wenn er auf der Baustelle an einem Kasten Bier vorbeikommt, kann er nicht widerstehen, und wenn er dann abends heimkommt – dann kann er wieder nicht stehen!"

Klein-Edgar fragt seinen Vater, den Polier Walter: „Du, Papa, wovon hast du eigentlich so rote Backen und eine so rote Nase?"
„Vom harten und kalten Ostwind, mein Kleiner. Sei so lieb, und lass mir jetzt meine Ruhe und hol mir noch die Flasche Bier aus dem Kühlschrank."
Als sich Klein-Edgar nicht so recht in Bewegung setzt, ruft die Mutter aus der Küche: „Nun mach schon, Edgar! Hol dem Papa den kalten Ostwind aus dem Kühlschrank ...!"

Polier Fred bekommt Besuch von der Schwiegermutter. Fragt sie: „Wieviel Bier trinkst du eigentlich so den ganzen Tag?"
Fred: „So fünf bis sechs Flaschen!"
Die Schwiegermutter spitz: „Was? Soviel könnte ich nicht einmal als Wasser trinken!"
Darauf Fred grinsend: „Das könnte ich auch nicht ..."

Kindermund

Kinder und Betrunkene sagen die Wahrheit, heißt es. Zeit, dass wir die beiden mal zusammenbringen.

In der Schule wird die kleine Sabine aufgefordert, die vier Elemente aufzuzählen. Sabine überlegt kurz und sagt dann: „Ehm, also Wasser. Dann Luft und auch Feuer. Und natürlich Bier."
„Aber wieso kommst du denn auf Bier, Sabine?", fragt verwundert die Lehrerin.
„Na, wenn mein Papa Bier trinkt, sagt meine Mama immer: Jetzt ist er wieder voll in seinem Element!"

Wird ein Vater in der Kneipe angerufen: „Du Papa, ich sitz hier an meinen Deutschhausaufgaben. Kannst du mir vielleicht weiterhelfen? Was ist das für ein Satz: 'Es ist kein Bier im Haus'?"
Ruft der Vater entsetzt in den Hörer: „Das ist kein Satz, das ist ein Elend!"

In der neunten Klasse will die Klassenleiterin ihren Schülern die Schädlichkeit von Alkohol praktisch demonstrieren. Dazu legt sie einen Wurm in ein Glas mit Wasser und einen Wurm in ein Glas mit Schnaps. Dem Wurm im Wasserglas scheint es wunderbar zu gehen, doch der Wurm im Schnapsglas rührt sich nicht. Darauf fragt die Lehrerin: „Und was hat uns das gezeigt? Was lernen wir daraus?"
Meldet sich Martin: „Dass Alkohol gut ist, um Würmer loszuwerden?"

Der Lehrer fragt: „Was glaubt ihr, warum Bauarbeiter im Winter nicht arbeiten?"
Susi: „Weil ihnen sonst die Bierflaschen gefrieren."

Ein Familienvater will seinen fünfjährigen Sohn überraschen und leiht sich daher ein passendes Weihnachtskostüm. Als er dann am Nikolaustag an die Tür klopft und seinem Sohn verkündet, dass der Weihnachtsmann zu Besuch gekommen wäre, sagt dieser darauf nur: „Sag mal, Mama: Ist der Papa schon wieder besoffen? Von der roten Nase her passt's ja eh ganz gut."

Fragt der Sohn: „Papa, wann ist man betrunken?"
Antwortet der Vater: „Besoffen ist man zum Beispiel, wenn man statt der drei Männer dort auf der anderen Straßenseite sechs Männer sieht."
„Aber Papa, da steht doch nur ein Mann."

Ein paar Kurze, bitte!

Die merkt man sich sogar in besoffenem Zustand.

Warum sollte ein gesundheitlich angeschlagener Mensch nicht Cola und Bier zusammen trinken?
Na, weil er sonst colabiert!

Seufzt Karl in der Kneipe. „In meinem nächsten Leben werde ich hoffentlich ein Huhn. Hier ein Korn und da ein Korn …"

Wie viele Säufer braucht man, um eine Glühbirne zu wechseln?
Nur zwei.
Einer, der die Glühbirne hält und einer, der sich so lange besäuft, bis sich das Zimmer dreht.

Und dann war da noch der vernünftige Autofahrer. Wenn er betrunken war, ging er immer zu Fuß.
Zum Auto.

Alte Kneipenweisheit: Der Krug geht solange zum Munde, bis man bricht.

Womit feiern eigentlich Kardinäle, wenn sie einen neuen Papst gewählt haben?
Mit Rotkäppchen-Sekt.

Kommt James Bond in eine Bar und sagt zum Barkeeper: „Ich möchte einen Martini bitte."
„Geschüttelt oder gerührt?"
„Ich wäre gerührt, wenn sie ihn schütteln würden!"

Sinniert Harry am Tresen: „Schon eine komische Welt. Alle maulen, wenn ich besoffen bin. Aber niemand merkt, wenn ich Durst hab."

Warum steht eigentlich ein Pils im Wald?
Na, weil die Tannen zapfen!

Kommt ein Skelett in die Bar: „Bitte einen rauchigen Whisky und einen Lappen!"

Alte Kneipenweisheit:
Lieber, guter Mond,
du hast kein' Grund zur Klage,
nur zwölf Mal bist du voll im Jahr,
wir sind's bald alle Tage.

„Jonas, sag mal, kennst du eigentlich Shakespeare?"
„Nee, danke dir, Flo. Ich bleib beim Kölsch!"

Wann nennt man einen Menschen einen Alkoholiker? Wenn er genauso
viel trinkt, wie man selbst, man ihn aber einfach nicht leiden kann.

Halb besoffen ist einfach nur rausgeschmissenes Geld!

„Was seufzst du so, Liebling?"
„Also am liebsten Bier, Schatz!"

Warum heißt es: „Kein Alkohol am Steuer?" Weil nur eine kleine Unebenheit
auf der Straße ausreicht, um alles zu verschütten.

Starrt Hubert in sein leeres Schnapsglas und sagt: „Naja, besser drei Gläser
Himbeergeist als gar keinen Verstand."

Was ist amerikanisches Bier?
Der gelungene Versuch, Wasser noch weiter zu verdünnen.

Verflixt noch mal! Wer hat schon wieder den Korken von meinem Mittag-
essen geklaut?

Klopft ein Betrunkener an die Tür der Notaufnahme: „Einmal Ausnüchtern To
Go, biddeschööön …"

So lacht man im Restaurant!

Dies ist ein Kapitel mit alkoholfreien Witzen. Schließlich soll dieses Buch auch für Abstinenzler geeignet sein.

Beschwert sich Marie im Lokal: „Herr Ober, Sie halten die ganze Zeit mein Schnitzel mit Ihrem Daumen fest! Was soll das denn?"
„Kein Grund zur Aufregung, mein Fräulein! Eine reine Vorsichtsmaßnahme, dass es nicht noch einmal runterfällt."

„Mensch, Herr Ober! Was soll denn das? In meinem Glas schwimmt eine Fliege! Sowas versaut mir mein Bier!"
„Ach, haben Sie sich doch nicht so. Sehen Sie, auf Ihrem Schnitzel sitzt schon eine Spinne und die schnappt sich die Fliege sicher bald."

Nörgelt ein Gast an der servierten Bratwurst. Darauf der genervte Kellner:
„Ja, so ist das eben. Jede Wurst hat eben zwei Enden."
„Klar. Aber diese beiden Enden sind schon sehr nah beieinander!"

Beschwert sich ein Gast beim Kellner: „Entschuldigen Sie, aber meine Suppe ist schon eiskalt!"
„Aber natürlich ist sie das. Schließlich haben Sie sie ja auch schon vor einer Stunde bestellt!"

Recht verzweifelt wendet sich ein Kunde in der Kneipe an den Wirt: „Entschuldigen Sie bitte, aber könnten Sie irgendwie herauskriegen, ob die Kellnerin, bei der ich vorhin mein Essen bestellt habe, noch bei Ihnen arbeitet?"

„Und was kann ich Ihnen zum Hauptgang bringen, werte Dame? Hätten Sie lieber Apfelsaft oder Kirschsaft?", wendet sich der Kellner fürsorglich an eine Kundin des Restaurants.
„Ach, mir egal. Ich bin farbenblind."

Kommt ein Mann in ein Café und bestellt sich einen Kaffee. Der neue Kellner fragt: „Trinken Sie ihn schwarz?"
„Na klar. Oder haben Sie ihn auch in anderen Farben anzubieten?"

Ein Gast hat es eilig und ruft dem Kellner noch beim Hinsetzen zu: „Bringen Sie mir schnell was zum Essen, ich muss gleich wieder weg."
„Wie praktisch", ruft der Kellner zurück, „dann bringe ich Ihnen ein Schnitzel. Das muss nämlich auch dringend weg."

»Herr Ober, in meiner Suppe schwimmt ein Hörgerät.«
»Wie meinen?«

„Und wie hat es Ihnen geschmeckt?", will der Kellner beim Abräumen wissen.
„Also ganz ehrlich: ich habe schon besser gegessen."
„Möglich, aber nicht bei uns!"

Ein Mann bestellt sich in der Kneipe ein Hähnchen und sagt: „Ich hätte aber gerne ein Exemplar aus Ungarn, ja?" Der Wirt zuckt mit den Schultern und serviert ihm einfach das erstbeste Hähnchen. „Den Unterschied merkt er ja eh nicht", denkt sich der Wirt. Doch der Gast betastet kurz das Essen und reklamiert: „Entschuldigen Sie, aber das Hähnchen kommt aus Deutschland!"
„Beeindruckend", denkt sich der Wirt und bringt ihm ein polnisches Hähnchen. Doch der Gast merkt auch dieses Mal, dass das Hähnchen nicht aus Ungarn stammt. Beim dritten Anlauf gibt sich der Gast dann jedoch zufrieden, denn dieses Mal stammt das Geflügel tatsächlich aus Ungarn.
Da stolpert ein Kneipenbesucher auf den Hähnchenkenner zu und meint: „Könntest du das auch mal bei mir machen? Ich bin so betrunken, dass ich vergessen habe, wo ich wohne!"

In einer edlen französischen Kneipe prahlt der Inhaber. „Unsere Weine sind allesamt ein Gedicht. Doch unsere Schnecken sind der wahre Tipp für Gourmets! Denn für diese sind wir weltbekannt!"
Darauf ein Gast: „Schon klar, ich bin vorhin ja auch von einer bedient worden."

Ein Gast bemerkt in seinem Stammrestaurant, dass ein Kellner in seiner Hemdtasche einen Löffel mit sich herumträgt. Zunächst denkt er sich nichts dabei, bis er feststellt, dass alle anderen Kellner ebenfalls einen Löffel bei sich tragen. Als der erste Kellner vorbeikommt, um die Bestellung aufzunehmen, fragt ihn der Gast: „Warum tragen Sie einen Löffel in der Hemdtasche?"

„Nun", erzählt der Kellner, „McKinsey war neulich bei uns, um unsere Geschäftsprozesse zu untersuchen. Nach vielen Monaten und noch mehr Analysen haben sie festgestellt, dass unsere Gäste drei Löffel pro Stunde pro Tisch auf den Boden fallen lassen. Um darauf vorbereitet zu sein, tragen wir jetzt Löffel in der Tasche und müssen nicht jedes Mal in die Küche gehen. Wir sparen dadurch fast 1,5 Stunden pro Schicht."

Er ist kaum mit seiner Erzählung fertig, schon macht es „Ping" am Nebentisch und er ersetzt den gefallenen Löffel durch den aus seiner Tasche. „Ich werde beim nächsten Gang in die Küche einen neuen Löffel holen" sagt er stolz, „statt dafür jetzt in die Küche rennen zu müssen."

Der Gast ist beeindruckt. Wenig später bemerkt er einen dünnen schwarzen Faden, der aus dem Hosenschlitz des Kellners herausschaut – genauso wie bei seinen Kollegen. Vor Neugier fast platzend, fragt er seinen Kellner, als der ihm die Suppe kredenzt, was das denn bedeute. „Ach ja," sagt der Kellner im Ton der Verschwörung, „nicht allzu viele Leute sind so aufmerksam wie Sie. Also: McKinsey hat auch herausgefunden, dass wir in der Toilette Zeit sparen können."

„Wie das?" fragt der Gast.

„Sehen Sie, dieser Faden wird an unser bestes Stück gebunden und wenn wir mal müssen, können wir das tun, ohne die Hände zu gebrauchen. Damit sparen wir über 90 Prozent der Zeit, die wir im Waschraum sind, sowie 5000 Liter Wasser pro Jahr."

„Ja, das macht Sinn", meint der Gast, um nach kurzem Zögern fortzufahren: „Wenn Sie ihn mit dem Faden herausziehen, wie stecken sie ihn aber wieder rein?"

„Na ganz einfach", meint der Kellner, „da benutzen wir dann wieder den Löffel."

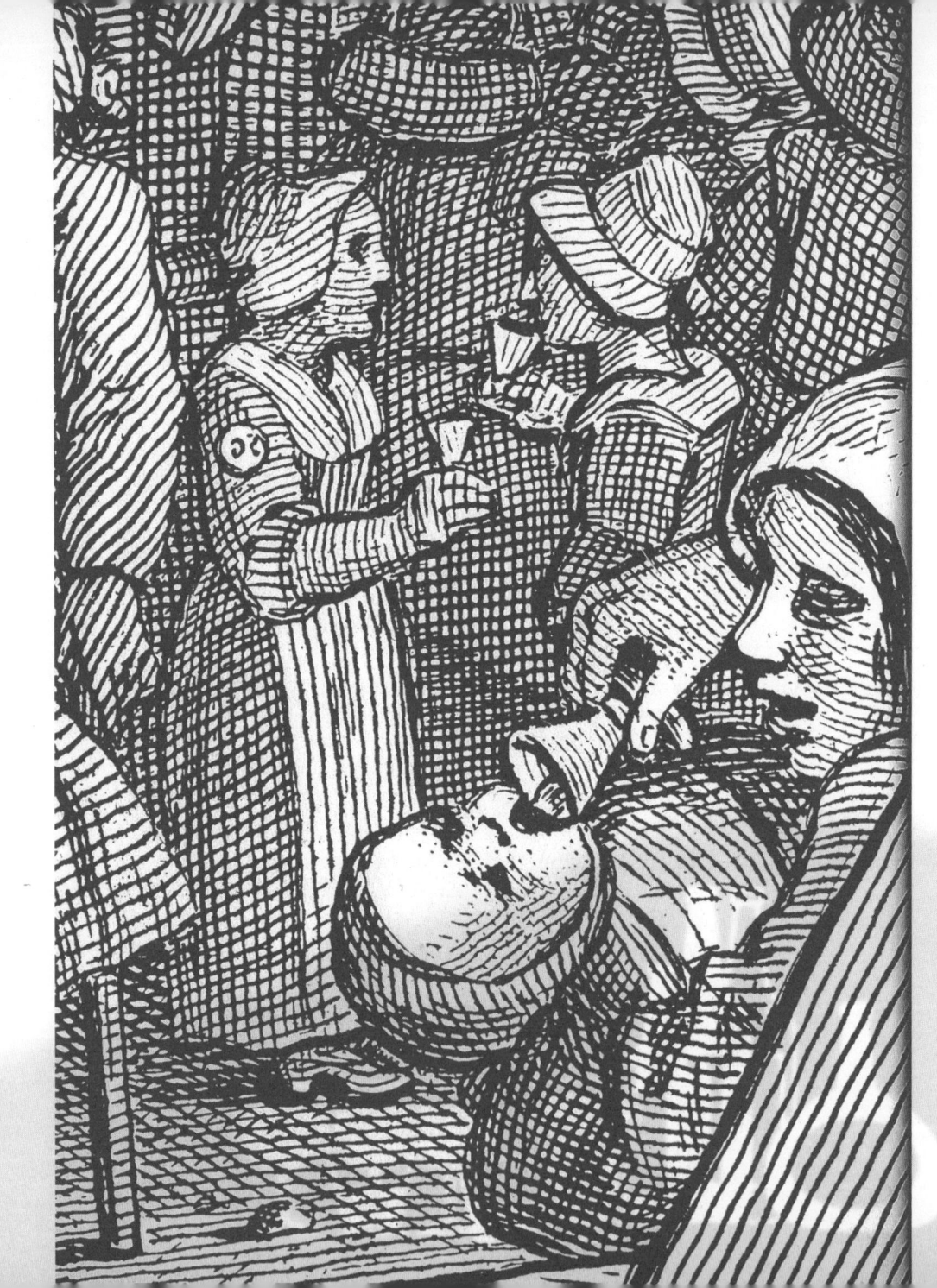

»Herr Ober,« erkundigt sich Müller-Worms,
»Warum heißt dieses Gericht denn Räuberspieß?«
»Warten Sie ab, bis Sie die Rechnung bekommen mein, Herr!«

„Herr Wirt, Sie haben angeschrieben, dass bei Ihnen 30 Mann musizieren würden, aber ich sehe hier nur einen einzigen Trompeter."
„Naja, das mit den 30 Mann ist ja auch für den ganzen Monat gedacht."

„Kellner", ruft ein Gast erbost, „so eine Schweinerei! Schauen Sie her: Da habe ich ein Stück Lumpen aus der Suppe gefischt!"
Der Kellner: „Na und? Wollen Sie aus einer Suppe für drei Euro vielleicht Brüsseler Spitzen fischen?"

Ein elegantes junges Paar speist im Nobelrestaurant. Da tritt der Chefkellner an den Tisch und wendet sich dezent an die Dame: „Ist es Ihrer Aufmerksamkeit entgangen, dass Ihr Herr Gemahl soeben unter den Tisch gerutscht ist?"
„Da sind Sie einem Denkfehler aufgesessen, Herr Ober. Mein Gemahl ist nämlich soeben zur Tür hereingekommen!"

Schaut der Kellner aus dem Fenster und meint zum Gast: „Schaut nach Regen aus, gell?"
„Ja, schon. Aber man merkt trotzdem, dass es Kaffee sein soll."

»Herr Ober, was können Sie mir empfehlen?«
»Flambierte Bohnensuppe, flambiertes Schnitzel, flambiertes Eis ...«
»Warum ist denn alles flambiert?«
»Die Küche brennt!«

Eine Blondine bestellt eine Pizza. Der Ober fragt, ob er sie in sechs oder zwölf Stücke aufteilen soll.
»Sechs, bitte. Ich könnte niemals zwölf Stück verdrücken.«

Kommt ein Säufer zum Arzt ...

Irgendwann kommt der Zeitpunkt, da muss man den Tatsachen ins Auge schauen. Der Tatsache, dass man ein Alkoholproblem hat. Spätestens dann ist der Besuch beim Doktor unabdingbar.

„Herr Doktor, Sie müssen mir dringend helfen! Ich fürchte, ich habe ein Alkoholproblem."
„Mit selbstgestellten Diagnosen muss man immer vorsichtig sein. Wie äußert sich denn Ihr Problem?"
„Ich kann mir einfach kein Bier mehr leisten!"

Der Arzt schaut Heinrich sorgenvoll an und sagt: „So geht das mit Ihrer Sauferei nicht weiter! Essen Sie doch lieber einfach einen Apfel, wenn Sie Lust auf ein Bier haben."
„Um Himmels Willen, wie soll ich denn bitteschön zwanzig Äpfel am Tag essen?"

„Was heißt da: Sie wollen Ihre erste Brille?", fragt der Augenarzt den Patienten. „Sie haben doch schon eine getragen, wie ich an der Druckstelle auf Ihrer Nasenwurzel sehe."
„Diese Stelle hier? Ach, die stammt nicht von der Brille, sondern vom Bierglas aus meiner Lieblingskneipe."

Sagt der Arzt nach der Untersuchung: „Also ich konnte nichts finden. Das wird wohl am Alkohol liegen."
„Kein Problem, das kann ich gut verstehen", winkt der Patient ab, „dann komme ich eben wieder, wenn Sie nüchtern sind."

Beugt sich Hugo über den Tresen und sagt leise zum Barkeeper: „Gibst du mir bitte heute zwei Oliven in den Martini? Mein Hausarzt hat mir gesagt, dass ich auf eine gesündere Ernährung achten soll!"

Ein Braumeister geht zum Arzt, denn Herz und Leber funktionieren nicht mehr richtig. „Wie viel trinken Sie denn so pro Tag?", fragt der Arzt misstrauisch. „So meine sechs bis acht Halbe, Herr Doktor", meint der Patient. „Aber es gibt auch Tage, an denen ich mich nicht beherrschen kann."

Sagt der Arzt besorgt zum Patienten: „Ich würde Ihnen dringend raten, mit dem Trinken kürzer zu treten."
„Ach ja, warum denn?"
„Das fragen Sie im Ernst? Bei der letzten Blutprobe von Ihnen hat sich das Blut verflüchtigt, bevor ich es untersuchen konnte."

Anruf beim Doktor. „Ich wollte nachfragen, ob ich immer noch keinen Alkohol trinken darf."
„Aber, guter Mann. Das hatten wir doch erst vor ein paar Tagen. Waren Sie nicht letzte Woche bei mir und ich habe Ihnen dann erklärt, dass Sie nichts Alkoholisches mehr trinken sollen?"
„Ja, schon. Aber ich dachte, dass die Wissenschaft mittlerweile vielleicht Fortschritte gemacht hat."

Ein Gespräch zwischen Arzt und Patient: „So, Herr Meiler. Jetzt trinken Sie den nächsten Monat einfach keinen Alkohol und dann sehen wir schon, ob sich Ihre Gesundheit dadurch verbessert."
„Puh, können wir das nicht auch anders angehen? Ich könnte ja auch den nächsten Monat einfach viel mehr Alkohol als sonst trinken und danach sehen wir dann, ob es mir schlechter geht, oder?"

Bei einer Untersuchung eröffnet der Doktor seinem Patienten mit ernstem Gesichtsausdruck: „Leider muss ich Ihnen eine schwere Diagnose stellen. Sie haben nur noch sechs Monate zu leben."
„Um Gottes Willen! Kann ich da nicht irgendetwas dagegen tun?"
„Hm, Sie können das Trinken aufhören und auch nicht mehr rauchen. Dann Schluss mit Frauengeschichten und treffen Sie sich auch nicht mehr mit Ihren Saufkumpanen."
„Und davon lebe ich dann länger?"
„Das nicht. Aber Ihr Leben kommt Ihnen dann viel länger vor..."

Ein Schotte sitzt beim Zahnarzt. Der Arzt wundert sich sehr über die schwarze Zunge seines Patienten und fragt diesen: „Sagen Sie mal, woher haben Sie denn eine so schwarze Zunge?"

„Ach, das kommt vom Whisky."

„Nein, das glaube ich nicht. Ich kenne einige Whiskytrinker und genehmige mir ab und an auch mal ein Gläschen. Aber schwarz wird die Zunge davon garantiert nicht."

„Doch, doch. Ich hab neulich eine neue Flasche gekauft und die ist mir dann auf dem Nachhauseweg runtergefallen und zerbrochen."

„Und was hat diese Geschichte bitte mir Ihrer Zunge zu tun?"

„Naja, die Straße war frisch geteert."

„Ach Herr Schmidt, Sie sind ja schon wieder blau. Hatte ich Ihnen nicht geraten, nur eine halbe Flasche Wein am Abend zu trinken?", schimpft der Arzt, der einen Patienten in der Kneipe trifft.

Darauf der Patient, milde grinsend: „Ja, glauben Sie eigentlich, Sie sind der einzige Arzt, zu dem ich gehe?"

Beim Ärztestammtisch. Als sich der Abend zu Ende neigt, steht der HNO-Arzt auf, grinst und sagt: „So Jungs, ich pack's dann. Wir hören voneinander."

Sagt der Urologe. „Ja, es wird Zeit, dann verpiss ich mich auch."

Der Augenarzt zahlt ebenfalls seine Biere und sagt: „Top, wir sehen uns."

Ruft der Gynäkologe allen hinterher: „Grüßt mir eure Frauen, ja? Ich schau mal wieder rein!"

Ein Mann bestellt sich jeden Abend in seiner Stammkneipe immer genau drei Bier. Die Bedienung wird neugierig und fragt ihn, was das Ganze denn bedeutet. Darauf der Mann: „Also ein Bier ist für mich, eines für meinen besten Freund in Kanada und eines für meinen Bruder in Mexiko."

Eines Abends bestellt sich der Mann jedoch nur noch zwei Bier. Die Bedienung ist besorgt und fasst nach, ob denn alles in Ordnung sei. Darauf der Mann: „Jaja, den beiden geht es gut. Aber ich habe mittlerweile schweren Herzens auf den Rat meines Arztes das Trinken aufgegeben."

Die alte Frau Mittler trinkt zum ersten Mal Whisky. Sie überlegt eine Weile und meint dann: „Komisch, das Zeug schmeckt wirklich exakt so wie die Medizin, die mein Mann, Gott hab ihn selig, zwanzig Jahre lang einnehmen musste."

„Aber Sabine, mit deinen Gallensteinen darfst du doch eigentlich keinen Tropfen Alkohol trinken! Und jetzt bist du schon wieder auf Tour mit deinen Mädels und becherst wie verrückt!"
„Ach, das sehe ich aber anders. Schließlich heißt es doch immer: Steter Tropfen höhlt den Stein!"

Ein Schotte hat im Pub eine Schlägerei angezettelt und sammelt seine Zähne auf. Dabei murmelt er: „Naja, immer noch besser, als die fünf Pfund beim Zahnarzt für's Ziehen zu zahlen."

Ein Medizinprofessor und seine Studenten stehen um eine aufgebahrte Leiche. Der Professor fragt seine Schützlinge: „Und, kann mir jemand sagen, woran der Herr hier gestorben ist?"
„Klare Sache, der hatte einen Schlaganfall", meint da Johann aus der ersten Reihe selbstsicher.
„Falsch! Haben Sie vielleicht eine Idee, Thomas?"
„Ähm, hat der sich vielleicht eine Vergiftung zugezogen?"
„Zu viele Krimis geschaut, oder was? Nein, hat er nicht! Na gut, Max, helfen Sie mal weiter!"
„Der Mann hatte eine Säuferleber. Von daher ein Leberschaden und aus ist's."
„Richtig, hundert Punkte! Und woran haben Sie das erkannt?"
„Na, hören Sie mal! Ich werde ja wohl noch meinen eigenen Vater erkennen!"

Müller trifft in einer Bar seinen Hausarzt.
„Sagen Sie mal", wundert sich der Doktor, „dauernd verlangen Sie von mir Schlafmittel, und jetzt sehe ich Sie schon zum dritten Mal in einem Nachtlokal!"
„Das ist kein Widerspruch", erklärt Müller grinsend. „Die Schlaftabletten sind nämlich für meine Frau."

Paulchen beim Arzt auf die Frage, ob er viel trinke: „Ja, wissen Sie, Herr Doktor, für die Brust trinke ich Brusttee, für die Galle Karlsbader Wasser, für die Nieren Kräuterabsud aus Johanniskraut und Knöterich. Und damit mir von all dem nicht schlecht wird, genehmige ich mir des Öfteren ein paar Weizenbiere."

„Sie haben ja im ganzen Körper Wasser", sagt der Arzt nach der Untersuchung zum Patienten. „Tun Sie schleunigst was dagegen."
„Wird gemacht, Herr Doktor. Ab sofort trinke ich meinen Whisky ohne Eis."

„Von morgen an also strenge Diät, Herr Lauterer. Keinen Alkohol, keine Zigaretten, keine Nachtclubs und keine schweren Mahlzeiten mehr. Eine Handvoll Reis, und damit hat sich's."
„Das ist doch kein Leben mehr, Herr Doktor, kaum noch ein Vegetieren!"
„Aber es gibt Ihnen eine Chance, allerhand zurückzulegen, um meine letzten Rechnungen zu begleichen."

„Ich sehe so schlecht. Soll ich stärkere Gläser nehmen, Herr Doktor?"
Der Augenarzt untersucht. „Nein, nicht stärkere Gläser –
sondern ein paar weniger!"

Fragt der Arzt den Patienten: „Was tun Sie gegen Ihre Erkältung?"
„Ich trinke täglich acht Gläser Rum."
Der Arzt ganz entsetzt: „Das genügt doch nicht."
Der Patient: „Mehr bringe ich aber nicht runter!"

„Ab sofort müssen Sie aber abnehmen!" verordnet der Arzt, „strengste Diät, nur fettarmes Fleisch, nichts Süßes, kein Brot und vor allen Dingen: kein Kaffee, Bier oder Schnaps ...
Und ganz besonders wichtig: mehr Spaß am Leben, mein Bester, viel mehr Spaß!"

Tiere in der Kneipe – eine echte Viecherei

Nun begeben wir uns in den Bereich des Irrealen. Sie werden sagen: Tiere können doch weder reden noch trinken sie Alkohol. Oder gehen gar in eine Kneipe. Haben Sie eine Ahnung!

Häschen kommt in die Kneipe und sagt: „Ein Bier und einen Schnaps, du Vollidiot." Der Wirt schenkt's aus, Häschen bezahlt und kommt am nächsten Tag wieder. Das Spiel wiederholt sich, aber der Wirt ist schon deutlich schlechter gelaunt, weil Häschen ihn beleidigt hat.

Daher sagt er: „Hör mal zu, Häschen. So etwas lasse ich mir nicht mehr gefallen. Wenn du nochmal ‚Vollidiot' zu mir sagst, gehe ich in den Nebenraum, hole mir ein paar Nägel und häng dich an deinen Ohren an der Decke auf."

Häschen hört sich die Drohung geduldig an, bezahlt und kommt am nächsten Tag wieder. Beim Eintreten fragt das Häschen: „Sag mal, Wirt. Hast du einen Hammer und ein paar Nägel für mich?"

„Nein!"

„Na, wenn das so ist. Dann gib mir ein Bier und einen Schnaps, du Vollidiot!"

> Häschen kommt in eine Zoohandlung und fragt den Besitzer: „Na, haddu Kater?"
> „Klar, hab ich einen", kommt die prompte Antwort.
> „Muddu weniger saufen!"

Kommen zwei betrunkene Zahnstocher aus einer Kneipe. Da läuft recht schnell ein Igel vorbei. Meint der eine Zahnstocher: „So ein Witz! Wenn ich gewusst hätte, dass um die Uhrzeit noch der Bus fährt, hätten wir beide noch gut ein oder zwei Bier trinken können!"

Die Tiere des Waldes sind in letzter Zeit sehr in Partystimmung und betrinken sich dementsprechend. Doch auf die Dauer tut das ihnen nicht gut und so ergreift der Fuchs als Anführer der Tiere das Wort: „Liebe Tiere des Waldes, seinen wir doch mal ehrlich: So geht das doch nicht weiter mit uns! Jeden Abend saufen, saufen und nochmals saufen – und am nächsten Tag kommen wir zu gar nichts mehr. Ich schlage vor, dass wir ab jetzt mit dem Alkohol aufhören und stattdessen wieder Wasser trinken."

Die anderen Tiere stimmen zu. Am nächsten Morgen dreht der Fuchs eine Runde, um zu kontrollieren, ob sich auch alle Tiere an die Abmachung halten. Und tatsächlich: Der Bär brummt wieder wie gewohnt und genehmigt sich gut gelaunt ein paar Honigwaben. Und auch die Hirsche sind viel munterer als sonst. Nur das Häschen liegt völlig blau unter einem Baum. Der Fuchs sieht das und spricht das Häschen an: „Aber wir Tiere des Waldes hatten uns doch darauf geeinigt, mit dem Saufen aufzuhören!"

„Jaaa, aber ich hatte noch ein bisschen Schnaps da. Und der musste weg. Aber ab morgen trink ich nichts mehr, versprochen."

„Gut. Ich werde dann morgen nochmal vorbeikommen und wenn du dann wieder betrunken bist, fresse ich dich." Am folgenden Tag dreht der Fuchs wieder seine Runde. Zuerst bietet sich das gewohnte Bild: Allen Tieren geht es gut.

Allen, bis auf dem Häschen. Das liegt wieder blau am Fluss und kotzt sich die Seele aus dem Leib. Das Gespräch vom Vortrag wiederholt sich und das Häschen verspricht erneut, nichts mehr zu trinken. Der Fuchs wiederholt seine Drohung und geht dann wieder seines Wegs. Am Tag darauf läuft der Fuchs wieder durch den Wald und sieht auf einmal einen Strohhalm aus dem Wasser ragen. „Da kann doch etwas nicht stimmen", denkt sich der Fuchs und zieht am Halm. Am Ende des Strohhalms findet der Fuchs schließlich das Häschen, das wieder richtig betrunken ist. Da wird der Fuchs richtig böse: „Verdammt noch mal, Häschen! Wir Tiere des Waldes haben doch abgemacht, dass wir das mit dem Alkohol ein für alle Mal sein lassen!"

„Ach, ihr Tiere des Waldes! Was ihr beschließt, ist uns Fischen doch sowas von egal", lallt da das Häschen.

Kommt ein Esel in die Bar, bestellt sich einen Doppelten, kippt ihn runter, zahlt und stürmt wieder aus der Bar.

„Was war denn das? Ich hab noch nie einen Esel in meinem Laden gesehen!", ruft der erstaunte Wirt.

Dreht sich der Esel im Hinausrennen um und sagt: „Und bei deinen Preisen wirst du auch so schnell keinen mehr sehen!"

Manni und Tim gehen zusammen in den Zoo. Beide waren am Tag zuvor ordentlich bechern und sind entsprechend noch gut angetrunken. Als sie vor dem Löwenkäfig stehen, schaut Tim fasziniert zu, wie der Löwe seine Mähne schüttelt und dabei anfängt richtig laut zu brüllen. Manni ist davon weniger beeindruckt und sagt: „Komm schon, Tim. Lass uns mal weiter gehen."

„Nichts da", erwidert dieser, „ich bleib jetzt hier und guck mir noch den Film zu Ende an."

Kommt ein Hirsch an einen Weiher mitten im Wald. Der Hirsch blickt ins Wasser, sieht sein Spiegelbild und sagt: „Ich bin wahrlich der König des Waldes und vor allem das schönste Tier weit und breit."

Da tritt ein Bär hinter den Hirschen und brummt böse: „Was hast du da gerade gesagt? Willst du das vielleicht wiederholen?"

Der Hirsch wird rot und sagt kleinlaut: „Ach, man redet doch einiges an Blödsinn, wenn man getrunken hat."

Eine Antilope und ein Löwe betreten ein Restaurant. Der Ober fragt die Antilope:

»Was darf es sein?«

»Ich hätte gern ein Wiener Schnitzel mit Pommes Frites. Und danach ein Stück Apfelkuchen.»

»Sehr wohl.«

Der Ober notiert und wendet sich an den Löwen:

»Und was darf ich Ihnen bringen?«

»Nichts.«

»Nichts? Verzeihung, aber wovon wollen Sie denn satt werden?«

»Ich fresse nachher die Antilope!«

Treffen sich zwei Nachbarinnen beim Einkaufen und kommen auch gleich ins Gespräch. „Na, und wie geht's denn Ihrem Mann?"
„Ach, dem geht's zurzeit echt nicht so gut."
„Das tut mir leid zu hören. Was hat er denn?"
„Der kam neulich um Mitternacht völlig nüchtern aus seiner Kneipe nach Hause. Und da hat ihn unser Schäferhund nicht erkannt und ihn gleich ins Bein gebissen."

Sitzen zwei Jockeys an der Bar und unterhalten sich über ihren Beruf. Fragt der eine: „Womit ernährst du eigentlich so dein Pferd?"
„Das ist nicht so spannend, vor allem mit Hafer und Gerste. Ah, und natürlich viel Bier."
„Bier? Klingt ja verrückt! Hast du damit schon einmal gewonnen?"
„Nee, das nicht. Aber meinem Pferd geht's super, das hat ständig gute Laune!"

Zwei befreundete Jäger sitzen gemeinsam im Wald auf einer Lichtung und lauern auf Beute. Das Problem: Sie sind beide sturzbesoffen. Da fliegt ein Drachenflieger über die Lichtung und einer der beiden Jäger ruft: „Mensch, schau dir mal diesen riesigen bunten Adler an! Beeil dich und hol den runter!"
Der andere Jäger legt schwankend an und feuert vier Mal in den Himmel. Da seine Sicht schon sehr verschwommen ist, fragt er den ersten Jäger: „Und, hab ich ihn erwischt?"
„Nee, du hast ihn verfehlt. Aber immerhin hat er seine Beute fallen lassen!"

Ein Mann kommt in eine Bar und fragt: „Wem gehört denn der Dobermann da draußen?"
„Mir!" antwortet ein riesiger, breitschultriger Mann, „Warum fragst du?"
„Weil eben mein Pudel gerade deinen Hund getötet hat", antwortet der Erste.
„Das soll wohl ein Witz sein?!" fragt der Dobermannbesitzer. „Ich warne dich, ich bin heute nicht in der Laune, solche Witze zu hören."
„Aber ich sage die Wahrheit", entgegnet der Erste. „Es scheint, als ob dein Hund erstickt ist, als er meinen Pudel fressen wollte."

Drei Jäger gehen zusammen in den Wald und wollen Hirsche jagen. Zwei sind top vorbereitet, gut getarnt und bewegen sich fast lautlos. Doch der dritte ist völlig betrunken und trinkt sogar auf dem Weg durch den Wald weiter Schnaps. Dabei veranstaltet er einen riesigen Lärm.

Als die drei sich auf einem Hochsitz niederlassen, läuft auf einmal ein Hirsch vorbei. Der erste Jäger legt an und fängt nach seinem Schuss an zu fluchen: „Verdammt, danebengeschossen!" Der Hirsch rennt entsprechend weg, kommt jedoch nach einiger Zeit zurück und der zweite Jäger versucht sein Glück. Allerdings mit genauso wenig Erfolg. Als der Hirsch zum dritten Mal am Hochsitz vorbeiläuft, legt der mittlerweile völlig betrunkene dritte Jäger an und erwischt den Hirsch direkt mit dem ersten Schuss.

Die beiden anderen Jäger staunen und fragen: „Sag mal, wie hast du das denn nur angestellt?"

„Ach, das war doch kein Problem, Jungs", lallt dieser, „aus einem ganzen Rudel einen Hirsch zu schießen, ist jetzt nicht so die große Leistung."

Kommt ein kleines Kätzchen in eine Bar und bestellt sich einen doppelten Wodka. Meint der Barkeeper: „Du möchtest Schnaps haben? Trinken Kätzchen sonst nicht immer Milch oder so etwas?"

Meint die Katze: „Ja, schon. Aber ich würde doch gerne einmal mit einem Kater aufwachen."

Gibt's ja gar nicht …

Hier ein paar wirklich skurrile Witze. Oder kann es das geben, was hier erzählt wird? Vielleicht hat der Autor doch ein wenig zu tief ins Glas geschaut …

Ein Mann kommt in eine Bar und bestellt zwei Jägermeister. Der Barkeeper fragt: „Willst du beide Schnäpse jetzt auf einmal oder einen nach dem andern?"

Der Mann antwortet darauf: „Ach, ich möchte beide jetzt. Der eine ist für mich und der andere für meinen Freund."

Kaum ausgesprochen, zieht er aus seiner Tasche einen nur zehn Zentimeter großen Mann hervor. Der Barkeeper staunt Bauklötze: „Also das habe ich auch noch nie gesehen. Kann der denn überhaupt trinken?"

„Aber na klar kann der trinken!", antwortet der Mann lachend. Der Barkeeper schenkt die beiden Jägermeister aus. Der kleine Mann trinkt seinen Hochprozentigen in einem Zug.

„Das ist ja echt 'ne Nummer", sagt der Barkeeper. „Was kann er sonst noch tun? Kann er auch geradeaus gehen?"

„Natürlich kann er das," antwortet der Mann. Er wirft eine Münze ans andere Ende des Tresens und sagt: „Komm schon, Berni, hol mir die Münze." Der kleine Mann rennt ans andere Ende der Bar, hebt die Münze auf und trägt sie zurück. Der Barkeeper ist völlig von den Socken. „Wahnsinn, ich bin echt begeistert!," sagt er. „Was kann er sonst noch tun? Kann er auch reden?"

„Sie stellen vielleicht Fragen. Natürlich kann er das", antwortet der Mann. „Hey, Berni! Erzähl doch mal die Geschichte, als wir zusammen in Westafrika auf der Safari waren und du diesen Medizinmann einen Quacksalber genannt hast!"

Dracula kommt wieder einmal volltrunken nach Hause. Sofort macht ihm seine Frau große Vorwürfe: „Warum musst du auch immer nur Alkoholiker beißen?"

Im zwölften Stock eines Hotels befindet sich eine Panoramabar mit Blick über die ganze Stadt. Dort unterhalten sich zwei Fremde. Einer der beiden steht auf einmal auf und springt mit den Worten „Hey du, ich brauch mal frische Luft" aus dem Fenster. Der andere reibt sich verwundert die Augen, denn sein Gesprächspartner fliegt grazil eine Runde durch die Nacht und landet danach wieder auf seinem Sitz.

„Sowas hab ich ja noch nie gesehen! Wie machst du denn das?", meint der eine.

„Ach, gar kein Problem. Bei dem Bier hier kann doch jeder fliegen, wenn man nur genug davon getrunken hat. Wusstest du das gar nicht?"

„Cool", denkt sich der andere und nimmt ebenfalls Anlauf, um durch das Fenster zu springen. Schlagartig saust er nach unten, schlägt aufs Pflaster und ist tot.

Da dreht sich der Barkeeper um und sagt: „Eigentlich mag ich dich ja. Aber wenn du betrunken bist, kannst du ganz schön gemein sein, Superman!"

Ein Mann kommt mit einem Krokodil unter dem Arm in eine Bar und prahlt: „Mein Krokodil kann einen tollen Trick!"

Er öffnet seine Hose, steckt sein bestes Stück in das offene Maul des Krokodils und schlägt dann mit einem Stock heftig auf dessen Kopf. Die Gäste staunen, dass er seinen Schniedelwutz danach ohne Blessuren wieder rauszieht.

„Wer traut sich auch mal?" fragt der Mann stolz die Gäste.

Sofort meldet sich eine ältere Dame: „Ich! Aber bitte nicht mit dem Stock auf meinen Kopf schlagen!"

In der Stammkneipe. Michi erzählt mit einem leisen Aufstöhnen: „Meine Frau hat das Buch 'Das doppelte Lottchen' gelesen und bald darauf haben wir Zwillinge bekommen. Ist das nicht ein irrer Zufall?"

Darauf meint Julian: „Ach komm, das ist doch noch gar nichts. Meine Frau hat Schneewittchen und die 7 Zwerge gelesen und neun Monate später bekamen wir sieben Kinder auf einen Streich."

Da wird Stefan kreidebleich und rennt davon mit den Worten: „Ich muss schnellstens nach Haus! Meine Frau liest gerade Ali Baba und die 40 Räuber!"

Sitzen zwei Blinde in der Kneipe. Einer der beiden muss laut niesen. Darauf meint der andere: „Ach, wenn du schon dabei bist, kannst du mir mein Bier auch gleich aufmachen!"

Tief im Magen eines Mannes liegt friedlich und zufrieden eine Portion Schweinsbraten mit Knödeln. Kommt ein Schnaps dazu und wird auch prompt vom Schweinsbraten angesprochen: „Na, wer bist du denn?"
Darauf der Schnaps: „Na, ich bin ein doppelter Wodka! Und mich hat gerade der Rudi spendiert!"
Kurz darauf folgt ein weiterer Schnaps. Nachdem der Schweinsbraten die gleiche Frage wie gerade eben gestellt hat, antwortet der Schnaps:
„Ach, ich bin ein Tequila. Und mich hat der gute Rudi spendiert."
Nachdem das so noch sieben Mal geht, sagt der Schweinsbraten endlich:
„Jetzt habt ihr mich ja richtig neugierig gemacht! Den Rudi schau ich mir doch mal persönlich an."

Markus und Matthias schauen sich in einer Kneipe die Spätausgabe der Tagesschau an. Eine Frau wird gezeigt, die aus dem zehnten Stock eines Hochhauses zu springen droht. „Hundert Euro, dass sie nicht springt", sagt Matthias. Markus hält dagegen. Die Frau springt.
Matthias schiebt seinem Freund den Hunderter rüber, aber der lehnt großzügig ab: Er habe das Ganze schon in den 20-Uhr-Nachrichten gesehen.
„Ich auch", meint Matthias, „aber ich hätte nicht geglaubt, dass sie ein zweites Mal springt."

Am Telefon: „Hallo? Ist hier die Alkoholikerberatung?"
„Ja, wie können wir Ihnen helfen?"
„Ich wüsste ganz gerne, wie ich mit nur zwei Flaschen Sekt am besten eine Früchtebowle hinbekomme."

Trinken ein Einbeiniger und ein Blinder zusammen in der Kneipe. Sagt der Einbeinige auf einmal sauer: „Du bist ja echt ein dufter Kerl und alles. Aber wenn du mich noch einmal anrempelst, trete ich dir in deinen Hintern!"
Fängt der Blinde an zu lachen und sagt: „Na das möchte ich sehen!"

Neulich im Drive In vom Burger-Brater:

„Hiere Bechellung hippe", knarzt es dem Gast aus dem Lautsprecher entgegen. Klingt nach Schellackplatte ... Aus Erfahrung aber weiß der Gast, dass sich die Stimme am anderen Ende dieses Dosentelefons soeben nach seiner Bestellung erkundigt hat. Jetzt einfach zu bestellen, wäre ihm aber zu langweilig, also fragt er:

„Haben Sie was mit Huhn?"

Aus dem Lautsprecher ertönt ein schwer verständliches Wort, das aber eindeutig mit: „...icken" endet. Der Gast grinst und antwortet:

„Später vielleicht, zunächst möchte ich was essen."

Etwas lauter tönt es zurück: „SCHICKEN?"

Der Gast kann es sich nicht verkneifen:

„Nein, ich würde es gleich selbst abholen."

Eine kurze Pause entsteht, irgendwann sagt der Kunde:

„Ach sie meinen CHICKEN? Nö, lieber doch nicht. Haben Sie vielleicht Presskuh mit Tomatentunke im Röstbrötchen?"

„Hamburger?" fragt das unsichtbare Gegenüber zurück. Wahrheitsgemäß antwortet der Gast:

„Nein, ich bin Rheinländer. Aber hat das denn Einfluss auf meine Bestellung?"

„Wol-len Sie ei-nen Ham-bur-ger?"

„Jetzt beruhigen Sie sich mal, ja ich nehme einen."

„Schieß?"

„Stimmt, hatte ich nach meiner letzten Mahlzeit hier, mittlerweile ist meine Darmflora aber wieder wohlauf, ich denke, ich kann es erneut riskieren."

Der Angestellte seufzt, aber bewahrt Haltung.

„Ob sie KÄ-SE auf den Hamburger möchten?"

„Ah ja gern, ich nehme einen mittelalten Pyrenäen-Bergkäse, nicht zu dick geschnitten, von einer Seite leicht angeschmolzen."

Ob die nächste Ansage aus dem Lautsprecher: „Sicher doch" oder „Arschloch" lautet, lässt sich nicht genau heraushören. Deutlicher erklingt nun: „Was dazu?"

„Doch ja, ich hätte gern diese gesalzenen frittierten Kartoffelstäbchen."

„Also Pommes?"

„Von mir aus auch die …"

„Klein, Mittel, Groß?"

„Gemischt, und zwar jeweils zu einem Drittel große, mittlere und kleine."

„WOLLEN SIE MICH EIGENTLICH VERARSCHEN???" Diese wiederum sehr laut formulierte Frage ist klar und deutlich zu verstehen, sie verlangt eine ehrliche Antwort:

„Falls das die Bedingung ist, hier etwas zu essen zu bekommen, können wir gern darüber reden."

Die Stimme schnauft kurz und fragt: „Gut, gut. Pommes, etwas zu den Pommes?"

„Ein schönes Rumpsteak, medium und einen trockenen Weißherbst bitte."

„ICH KOMM DIR GLEICH RAUS UND GEB DIR NEN WEISSHERBST!!!"

„Ja, das würde mich sehr freuen, aber bitten achten Sie darauf, dass er kühl genug ist."

„Schluss jetzt, fahren Sie zu Schalter 2. Macht 5 Euro 20."

Schon vorbei, gerade als es anfing, lustig zu werden. Aber der Kunde ist noch nicht fertig und zahlt mit einem 500-Euro-Schein.

„Tut mir leid, aber ich hab's nicht größer."

Freundlich wird er ausgekontert: „Kein Problem." Mit kaltem Blick lässt ein bemützter Herr das Wechselgeld auf einen Teller fließen.

Zeit fürs Finale.

„Kann ich bitte 'ne Quittung bekommen?" fragt der Kunde extrem höflich.

„Es handelt sich um ein Geschäftsessen!"

Chris erscheint eine gute Fee. Und wie alle guten Feen, sagt diese: „Lieber Mann, ich bin gekommen, um die drei Wünsche zu erfüllen. Also wähle weise." Chris aber überlegt nicht lange und sagt: „Ich wünsche mir 'ne Flasche Whisky, die nie leer wird."

Die Fee schnipst mit den Fingern und schon steht eine solche Flasche vor Chris. Der freut sich natürlich riesig und genehmigt sich erstmal einen großen Schluck.

Da fragt die Fee: „Und wie lautet dein zweiter Wunsch?"

„Nochmal so eine Flasche, bitte!"

Und gleich noch ein paar Minderheiten

Es ist ja nicht so, dass auf den vorhergehenden Seiten nicht der ein oder ande-re diskriminiert worden wäre. Aber jetzt wird es an der Zeit, sich mal konkret über ein paar ganz spezielle Exemplare lustig zu machen.

Unterhalten sich ein Bayer und ein Preuße. Sagt der Bayer: „Also i trink scho so vier bis fünf Maß Bier am Tag."
Der Preuße hört das und sagt pikiert: „Und ich trinke nur, wenn ich auch Durst habe."
Darauf der Bayer kopfschüttelnd: „Wie die Viecher san's, die Preußen!"

Der alte Otto sitzt wie gewohnt in seiner Spelunke, als sich auf einmal ein Fremder an seinen Tisch setzt und sagt. „Wissen Sie eigentlich, dass jedes Jahr rund 60.000 Deutsche an Alkohol sterben?"
„Ach, das ist mir doch egal. Ich bin schließlich Österreicher!"

Ein Schweizer, ein Österreicher und ein Deutscher sitzen gemeinsam in der Kneipe. Auf einmal öffnet sich die Tür und ein neuer Gast tritt ein. Dieser verkündet sofort: „Ich bin Jesus, der Sohn Gottes und ich heile alleine durch Handauflegen."
Der Schweizer stürmt auf Jesus zu und sagt: „Hier, mein Tennisarm! Der bereit mir seit Ewigkeiten Schmerzen. Kannst du da nicht was machen?"
Jesus legt seine Hände auf den Arm des Schweizers und dieser ruft aus: „Wow, der Schmerz ist weg! Gelobt sei der Herr!"
Der Österreicher hat das genau gesehen und lässt sich auf die gleiche Art seine Rückenschmerzen richten. Daraufhin wendet sich Jesus dem Deut-schen zu und sagt: „Kann ich auch dir helfen, mein Sohn?"
Der Deutsche schaut Jesus nur an und meint: „Hände weg, Bürschchen! Ich bin schließlich noch drei Wochen krankgeschrieben!"

Ein Chinese sitzt in einer typisch deutschen Kneipe und bestellt sich ein Bier. Die Kellnerin kommt an den Tisch, bringt das gewünschte Bier und stellt dieses auf einen Bierdeckel. Nach einer halben Stunde bestellt sich der Chinese nochmals ein Bier, doch beim Servieren fällt der Kellnerin auf, dass der Bierdeckel weg ist. „Naja, ist ja nicht weiter schlimm", denkt sich die Kellnerin und holt eben einen neuen Bierdeckel. Als das Ganze allerdings noch dreimal passiert, denkt sie sich: „Gut, dann eben nicht mehr", und stellt das Bier einfach so auf den Tisch.
Darauf schaut der Chinese überrascht und sagt: „Wo ist denn der Keks?"

Lehnt sich ein Gast über den Tresen und raunt dem Witz zu: „He, Wirt, ich kenne da einen richtig guten Ostfriesenwitz."
„Entschuldigen Sie mal, ich bin selber Ostfriese", erwidert der Wirt darauf eingeschnappt.
„Ah, okay. Gut, dass Sie das sagen. Dann erzähle ich den Witz besonders langsam."

Warum trinken Russen eigentlich so gerne Wodka, Deutsche Bier, Franzosen Wein und Schotten Whisky? Na, damit sich die einzelnen Landsleute an der Fahne erkennen können!

Warum sitzt die Blondine schon seit Stunden ganz gespannt auf dem Kneipendach? Na, weil der Wirt gesagt hat, dass die nächste Runde aufs Haus geht!

Sitzen ein Preuße und ein Bayer im Wirtshaus. Meint der Preuße: „He, Kollege! Ich kauf mir jeden Tag zwei Zeitungen. Die preußische lese ich aufmerksam, mit der bayrischen wisch ich mir auf dem Klo den Hintern ab."
Der Bayer hört's, nimmt einen Schluck Bier und reagiert sonst nicht. Der Preuße ist ganz verstimmt und wiederholt: „Bist du taub, oder was? Ich kauf mir jeden Tag zwei Zeitungen, verstehst du? Die preußische lese ich und mit der bayrischen wisch ich mir auf dem Klo den Arsch ab."
Der Bayer dreht sich daraufhin um und meint: „Pass gut auf, dass du am Arsch net gscheiter wirst wie im Kopf!"

Treffen sich zwei Kölner. „Und als was verkleidest du dich dieses Jahr an Karneval."
„Als Badewanne."
„Bitte was? Sowas hab ich ja noch nie gehört. Und warum?"
„Damit ich mich gut volllaufen lassen kann."

Ein Preuße ist zum ersten Mal in Bayern unterwegs und geht dort direkt in ein Wirtshaus. Am Tresen bestellt er ein Bier und bekommt prompt einen Maßkrug präsentiert. Der Preuße wundert sich und fragt irritiert den Wirt: „Warum ist das Bier denn hier so groß?"
„Mir san hier in Bayern, zefix! Hier is ois so groß!", grummelt der Wirt zurück.
„Na dann bestell ich mir gleich noch ein Schnitzel." Der Wirt notiert sich die Bestellung und bringt gut 20 Minuten später ein riesiges Schnitzel an den Tisch. Das Schnitzel hängt an allen Enden über den Teller und garniert wird das Ganze durch eine gigantische Schüssel mit Pommes.
Der Preuße wundert sich und fragt erneut: „Wieso ist denn die Portion hier so gigantisch groß?"
„Hörst mi net gscheid? Mir san hier in Bayer und hier is ois so groß!"
Der Preuße schüttelt den Kopf und macht sich über sein Essen her. Im Anschluss an sein Mal fragt er den Wirt nach dem Weg zur Toilette. Dieser erklärt: „Immer geradeaus und dann einmal links. Danach rechts und du bist da." Der Preuße macht sich auf den Weg. Er geht gerade, dann links und dann jedoch versehentlich nochmals links. Und so landet er aus Versehen statt auf der Toilette im Swimmingpool des Wirts. Prompt fällt er hinein, beginnt mit den Armen zu rudern und brüllt: „Nicht die Spülung drücken! Um Gottes Willen, nur nicht die Spülung drücken!"

Tünnes und Schäl sitzen zu später Stunde in der Kneipe. Da sagt Schäl: „Tünnemann, jetzt stehn wa auf. Wemma noch jehn könn', dann jehma noch nich. Könne ma aber nichmehr jehn, dann jehma!"

Blondine an der Bar: „Bitte einen Martini!"
Fragt der Barkeeper: „Dry?"
„Ne, einer reicht mir völlig!"

Kommt ein Preuße in eine bayrische Dorfkneipe und bestellt sich ein zünftiges Abendessen. Als der Wirt an den Tisch tritt und sich erkundigt, ob alles passt, meint der Preuße: „Oh ja, alles super. Vor allem das Muster in der Butter ist ja schön!"

„Gell, des find i a! Des hab ich schließlich mit meinem Kamm ganz alloa gmacht!"

Ein Gast übernachtet in einem abgelegenen bayrischen Wirtshaus. Am nächsten Morgen beschwert er sich: „Die Betten waren ja ganz bequem. Aber ganz ehrlich: Die halbe Nacht konnte ich nicht schlafen, weil zwei Mäuse durch mein Zimmer gerannt sind!"

„Ja, was erwarten Sie denn auch für die paar Euro?", fragt da der Wirt. „Stierkämpfe können wir Ihnen für das Geld nun wirklich nicht bieten."

Markus und Tom sind aus Versehen in einen Vortrag gegen Alkoholismus geraten. Immer wieder weist der Redner eindringlich darauf hin, dass jedes Glas das Leben um einen Tag verkürzt. Da sagt Tom zu seinem Freund: „Ach was, der spinnt doch! Wenn er recht hätte, dann kämen wir ja erst in ein paar Jahren auf die Welt!"

Ein reicher Texaner sitzt in einer deutschen Kneipe und ist merklich gelangweilt. Auf einmal steht er auf und sagt: „Ich gebe demjenigen 1000 Dollar, der hier vor meinen Augen zehn Bier auf Ex trinken kann."

Alle Kneipenbesucher fangen an zu tuscheln, doch keiner reagiert. Keiner außer einem, der aufsteht und die Kneipe verlässt. Der Texaner schaut enttäuscht drein und setzt sich wieder hin. Nach einer halben Stunde kommt der Typ, der gerade die Kneipe verlassen hat, wieder zurück. Dabei wankt er auf den Texaner zu und sagt: „Ist okay, ich mach's."

Der Texaner ist merklich erfreut und stellt trotzdem die Frage: „Und wo warst du gerade?"

„Ach, nur in der Kneipe gegenüber. Ich hab probiert, ob ich das schaffen kann."

Ein Österreicher, ein Franzose und ein Deutscher fahren zusammen nach Saudi-Arabien. Dort setzen sie sich in einen Stadtpark und trinken zusammen Bier. Da jedoch der Konsum von Alkohol in der Öffentlichkeit verboten ist, werden alle drei zu jeweils 100 Peitschenhieben verurteilt. Allerdings darf jeder von ihnen einen Wunsch äußern, bevor die Strafe ausgeführt wird. Der Italiener ist als erstes dran und wünscht sich ein dickes Kissen, das er sich auf den Rücken bindet. Doch nach gut 15 Schlägen ist das Kissen völlig zerfetzt und so bekommt er die restlichen Schläge ungebremst zu spüren.

Der Österreicher sieht das natürlich und denkt: „Naja, ein Kissen hilft nur wenig. Da wünsch ich mir doch zwei Kissen!" Nicht schlecht gedacht, doch auch die zwei Kissen halten nicht ewig durch und so wird auch der Österreicher stark verhauen.

Der Deutsche tritt daraufhin vor, um seine Strafe entgegenzunehmen. Da sagt der Polizist, der die Schläge verteilt: „Hey, Deutschland ist doch erst Weltmeister geworden, richtig? Weil ich so ein großer Fußballfan bin, hast du sogar zwei Wünsche frei." Der Österreicher und der Italiener murren, doch der Deutsche grinst über beide Backen. Danach sagt er: „Na wenn das so ist. Dann wünsche ich mir als Erstes 200 Peitschenschläge."

Die beiden anderen schauen den Deutschen nur entsetzt an und auch der Polizist runzelt die Stirn. „Und mein zweiter Wunsch ist, dass Sie mir bitte den Österreicher auf den Rücken binden."

Ludwig Niedermayr aus Mitterhaslbach, das zwischen Oberhaslbach und Unterhaslbach, zwischen Regensburg und Straubing liegt, hat den ersten Preis in einem Preisausschreiben der Heimatzeitung gewonnen. Wie im Haslbacher Boten angekündigt worden war, winkt dem glücklichen Gewinner eine Reise nach Rom zum Heiligen Vater.

Aufgrund der guten Verbindungen der Zeitung zum Bistum gibt es eine Audienz beim Papst inklusive. Niedermayr ist überglücklich und besteigt einen Monat später den Regionalbus Mitterhaslbach-Oberhaslbach, um ins nahe gelegene Kreisstädtchen zu fahren. Dort angekommen, steigt er in den Regionalzug nach Regensburg, um von dort in den Eurocity nach München zu wechseln. Am Münchener Hauptbahnhof nimmt er den Intercity nach Rom.

Alles geht gut, die Ewige Stadt und der Heilige Vater werden zum Glanzpunkt in Niedermayrs Leben. Wohlbehalten kehrt er zurück. Schon bald sitzt er wieder am Stammtisch zum »Goldenen Löwen«, wo ihn der Huber-Bauer fragt, wie es denn so war.

»Pfundig war's, mei, ja scho. Wenn bloß des Rom net so abgelegen wär!«

Im Zug von Oldenburg nach Bremen. Ein betrunkener Ostfriese findet sein Abteil nicht und bittet den Schaffner um Hilfe. Der fragt: „Erinnern Sie sich an etwas, woran man Ihr Abteil wieder erkennen könnte?"
Der Ostfriese überlegt und sagt dann freudig: „Klaaar! Vor dem Fenster weiden Kühe!"

Und weil's so schön ist: Noch ein paar Witze über Ossis und Wessis

Es säuft zusammen, was zusammen gehört.

Drei Bettler sitzen abends in der Kneipe und machen Inventur. Der erste leert seinen Becher und hat acht Euro in der Kasse. Auf seinem Schild stand: „Ich bin arbeitslos."
Der zweite leert seinen Becher ... 13 Euro und 70 Cent. Auf seinem Schild stand: „Ich bin arbeitslos und habe Frau und Kinder."
Der letzte leert seinen Becher, seine Hosentaschen, Jackentaschen und es kommen 280 Euro zusammen!
Die beiden anderen reißen die Augen auf und fordern: „Los, zeig uns sofort, was du auf deinem Schild stehen hast!"
Auf dem Schild steht: „Komme aus der Ex-DDR und möchte baldigst wieder zurück."

Auf der Autobahn wird ein Auto von Polizisten herausgewunken. „Herzlichen Glückwunsch, Sie sind der zehntausendste Benutzer dieser Autobahn, und haben soeben 1000 DDR-Mark gewonnen! Was machen Sie mit dem Geld?
„Tja", sagt der Mann am Steuer, „ich werde damit erstmal meinen Führerschein machen."
„Glauben Sie ihm kein Wort", sagt die Beifahrerin, „er ist völlig besoffen!"
Da schreit die schwerhörige Oma auf dem Rücksitz: „Wusste ich's doch, dass wir mit dem geklauten Auto nicht weit kommen ..."
In diesem Moment ertönt die Stimme von Opa aus dem Kofferraum des Trabi: „Sind wir jetzt endlich bald im Westen?"

In der Kneipe beim Frühschoppen wird der anwesende Sachse gefragt:
„Was machen Sie eigentlich beruflich?"
„Isch bin Deologe."
„Und was machen Sie da?"
„Nu, preedschen, nadürlisch."
„Ach so. Aber das können Sie doch gleich sagen, dass Sie Bäcker sind!"

Warum war es dem DDR-Bürger strengstens verboten, zusammen mit Bürgern aus der BRD Alkohol zu trinken?
Weil sonst beide die gleiche Fahne gehabt hätten!

Zwei Betrunkene.
Fragt der eine den Anderen: „Was ist Glück?"
Antwortet der Zechkumpan:
„Natürlich, dass wir in der DDR leben."
Fragt der Eine wieder: „Und was ist Pech?"
Antwortet der Andere wieder:
„Pech ist, dass wir so viel Glück haben!"

Kurz nach dem Mauerfall lungern in Ostberlin zwei Sachsen im Aldi vor dem Spirituosenregal. Sie suchen rauf und sie suchen runter. Als die Verkäuferin vorbeikommt und die beiden mustert, fragen sie: „Nu, Fröilein, saagense mal. Ham se denn och Erdbeersekt?"
Da Aldi keinen Erdbeersekt führt, verneint die Verkäuferin bedauernd. Darauf der Sachse zu dem anderen: „Siehste, nu geht des hier ooch schon los."

Ein Wessi und ein Ossi treffen in einer Berliner Kneipe aufeinander und diskutieren, wer es am längsten in der Wüste aushalten könnte. Schließlich schließen sie eine Wette ab.
Der Ossi nimmt fünf Kisten Bier mit, der Wessi schultert acht Kisten.
Nach einer Woche kommt der Ossi wieder und wartet. Nach einem Jahr wird er stutzig und fährt noch mal in die Wüste. Da sieht er die acht Kisten Bier und daneben sitzt ein Skelett mit einem Schild um den Hals:
„Habe den Flaschenöffner vergessen."

In der DDR setzt sich ein Besoffener in einer heruntergekommenen Eckkneipe zu einem Fremden an den Tisch und meint: „Hey, kennst du eigentlich den Unterschied zwischen nem Bier und Honecker? Nein? Also Bier ist flüssig und Honecker ist überflüssig!"

Darauf der Angesprochene: „Guter Witz! Aber kennst du schon den Unterschied zwischen deinem Bier und dir?"

„Ne, keine Ahnung." „Simple Sache: Dein Bier bleibt hier und du kommst mit …"

Lehrer: „Wir haben heute das erste Mal Staatsbürgerkunde, also kommen wir gleich mal zur Hauptfrage: Wer hat das Kommunistische Manifest geschrieben?"

Niemand meldet sich. Da fragt der Lehrer Fritzchen: „Na, wer hat das Kommunistische Manifest geschrieben?"

Fritzchen: „Ehrlich, Herr Lehrer, ich war's nicht!"

Der Lehrer geht erschüttert nach Hause und erzählt das seiner Frau. Darauf antwortet sie: „Also, ich weiß nicht, was du hast, Heinz, vielleicht war er's wirklich nicht!"

Noch erschütterter geht der Lehrer in seine Stammkneipe und hängt den Kopf ins Bier.

Der Mann, der ihm gegenüber sitzt, fragt ihn, was er hat, und der Lehrer erzählt wieder seine ganze Geschichte.

Darauf der Mann: „Machen sie sich mal keinen Kopp, Herr Lehrer, ich bin von der Staatssicherheit, wir werden schon rauskriegen, wer es war."

Vier Wochen später sitzt der Lehrer wieder in der Kneipe, und trifft den Stasi-Mann, der zu ihm sagt:

„Herr Lehrer, die Sache ist klar, Fritzchen war's wirklich nicht, sein Vater hat gestanden!"

Zwei sächsische Vopos finden auf der Straße einen bewusstlosen Betrunkenen. „Mann", sagt der eine. „Da müss mer widdr Brodogoll führn. Saaach ma: Wie schreibt mr eigndlich ‚Gymnasium'?"

„Ach weeste", sagt der andere, „leg mer ihn vor de Bost …"

Kein Alkohol unter 18!

Ganz zum Schluss kommen die harten Dinger!

Zwei Freunde sitzen in der Kneipe und einer von ihnen zieht ein richtiges Gesicht. „Was ist denn bei dir los, mein Guter?", beginnt der eine das Gespräch. „Ach, ich hab dir doch von unserer neuen Azubine erzählt, oder? Die eine, die ich richtig heiß finde."

„Ja, an die Geschichten über die kann ich mich noch gut erinnern."

„Naja, vor einer Woche hab ich endlich den Mut gehabt, sie anzusprechen und dann hatte ich auch gleich ein Date ausgemacht."

„Ist doch super!"

„Wo denkst du denn hin! Ich hatte solche Angst vor einer Erektion, dass ich mir mein Ding an meinem Bein festgeklebt habe."

„Sehr vorsichtig, aber gut."

„Wie auch immer, ich klingle dann bei ihr zuhause und sie macht mir die Tür in seinem superheißen Kleid auf."

„Und dann?"

„Naja, dann hab ich ihr ins Gesicht getreten."

„Du hast ja wirklich einen beeindruckenden Hund", meint die hübsche Kellnerin zum ebenfalls gutaussenden Mann in der Bar.

„Danke! Und glaub mir, der Hund kann alles. Und mit _alles_, meine ich auch _alles_!" Die Kellnerin glaubt dem Mann natürlich nicht, lässt sich aber von ihm trotzdem in ein Nebenzimmer der Kneipe führen. Dort angekommen meint der Mann: „Also damit mein Hund in Stimmung kommt, musst du dich jetzt schon ausziehen."

Sie ziert sich zwar ein bisschen, macht es letzten Endes aber und der Mann sagt: „Na los, Hasso. Mach es ihr!"

Der Hund bewegt sich überhaupt nicht, worauf der Mann seufzt. „Na gut, ein allerletztes Mal zeige ich dir nochmal, wie es geht, du blöder Hund!"

Ein Mann kommt in die gemütliche Eckkneipe, setzt seine Katze auf den Tresen und verlangt: „Ich krieg bitte zwölf Schnäpse für mich und zehn Schnitzel für meine Katze." Der Wirt wundert sich zwar, bringt aber die bestellten Sachen und schaut dann verwirrt zu, wie der Mann seine Schnäpse kippt, ohne dabei mit der Wimper zu zucken. Noch viel mehr staunt er jedoch, als er sieht, wie die Katze ansatzlos die zehn Schnitzel verspeist.

Der Mann seinerseits haut einen Fünfhundert-Euro-Schein auf den Tisch, schnappt sich seine Miezekatze und verlässt das Lokal, ohne sich zu verabschieden. Das Ganze geht so Abend für Abend. Der Wirt macht zwar das Geschäft seines Lebens, aber irgendwann überwiegt doch die Neugier und er fragt den Mann: „Wissen Sie, ich staune jetzt schon seit Wochen. Wie stellen Sie das an? Sie kommen jeden Tag hierher und trinken Ihre Schnäpse, ohne zu wanken! Und dann erst die Katze …"

Seufzt der Mann: „Neulich hab ich im Wald eine gute Fee getroffen, die mir drei Wünsche erfüllt hat. Mein erster Wunsch war, dass ich so viel trinken kann, wie ich möchte, ohne davon blau zu werden. Mein zweiter Wunsch war, dass meine Taschen immer voller Geld sind. Soweit klappte auch alles. Aber beim dritten Wunsch hat die gute Fee ordentlich Mist gebaut."

„Wieso, was war denn Ihr dritter Wunsch." Der Mann antwortet: „Das ist mir jetzt ein bisschen peinlich. Aber mein dritter Wunsch war eine unersättliche Muschi!"

Stehen zwei alte Freunde am Tresen und trinken gemütlich ihre Bierchen. Da bekommt der erste spät nachts noch Hunger und bestellt sich drei Soleier.

Fragt der zweite „Warum bestellst du dir denn ausgerechnet Soleier?"

Sagt der Erste, der schon gut angeheitert ist: „Also erstens find ich die Teile echt lecker. Aber vor allem bekommt man da so richtig Tinte auf den Füller, wenn du verstehst!"

Der Zweite darauf: „Wenn du das sagst, bestell ich mir auch welche!"

Der Erste isst seine drei Eier auf und macht ein zufriedenes Gesicht. Der Zweite nimmt einen Bissen und spuckt diesen sofort wieder aus. Der Erste sieht's und meint: „Bist du besoffen oder was? Warum spuckst du denn die leckeren Eier aus, Mann?"

„Ganz einfach! Die schmecken echt mies und außerdem weiß ich eh nicht, wem ich um die Zeit noch schreiben soll."

Harry ist völlig besoffen und wankt entsprechend schwankend die Straße entlang. Plötzlich kann er sich nicht mehr beherrschen und kotzt einem Passanten auf dessen Jacke. Dieser ist natürlich sehr erbost und schreit: „Du Sau, was soll denn das?"
„Du Sau?", lallt da Harry, „Ich würd an deiner Stelle den Mund nicht so weit aufmachen! Immerhin hab *ich* keine Kotze auf der Jacke."

Zwei Freunde, Franz und Kevin, wollen am Freitagabend mal ordentlich einen trinken gehen. Als sie ihre Geldbeutel zur Rate ziehen, stellen sie jedoch fest, dass sie zusammen noch knapp zwei Euro besitzen. Die beiden wissen natürlich: Mit dem Geld wird es vorne und hinten nichts mit einem feucht-fröhlichen Abend. Aber Kevin hat eine grandiose Idee: Er geht mit den zwei Euro in eine Metzgerei und kauft dort eine Bockwurst.

Franz will gerade anfangen, Kevin zu beschimpfen, weil dieser das letzte Geld für eine Wurst rausgehauen hat, als Kevin erklärt: „Lass uns doch zusammen in eine Kneipe gehen. Wir bestellen zwei Weizen, trinken die aus und dann gehst du vor mir auf deine Knie, öffnest meinen Hosenschlitz und ziehst die Wurst, die ich in der Tasche habe, raus und nimmst sie in den Mund. Die Leute in der Bar werfen uns sicher raus, du wirst schon sehen."

Die beiden gehen in die nächste Kneipe und trinken wie geplant ihre Biere. Abschließend geht Franz auf die Knie, fängt an, die Bockwurst in den Mund zu nehmen und daran zu lutschen. Der Wirt sieht das und wird sofort sauer. „Raus aus meinem Laden! Ich glaub, ihr spinnt. Solche Schweinereien dulde ich nicht. Kaum zu fassen!"

Die beiden gehen raus und Kevin sagt triumphierend: „Ich sag's ja. Wir haben unser Bier und nichts dafür gezahlt."

Die beiden sind total begeistert und ziehen die gleiche Show in der nächsten Kneipe ab. Nach insgesamt elf Kneipen lallt Franz: „Okay, war eine witzige Aktion. Aber ich kann nicht mehr, Mann! Ich bin völlig blau und meine Knie tun mir sowas von weh!"

Kevin antwortet: „Ach, du jammerst wegen deiner Knie? Was soll ich da denn sagen? Ist schließlich schon fünf Kneipen her, dass ich unsere Bockwurst verloren habe!"

Ein Uniprofessor hält einen Vortrag über „muskuläre Kontraktionen auf unfreiwilliger Basis." Nachdem das nicht gerade das spannendste Thema ist, will er das Ganze etwas auflockern und fragt eine Medizinstudentin: „Was denken Sie denn, was Ihr Arsch tut, während Sie einen Orgasmus haben?"

Diese darauf ohne rot zu werden: „In der Kneipe sitzen und Bier saufen."

An der Theke einer Bar verlangt der Bauer ein Bier und seine Gattin einen Obstler. Der Wirt stellt die gewünschten Getränke auf den Tresen und kommt danach aus dem Staunen kaum mehr heraus. Denn der Mann schüttet sich das Bier über den Nacken und die Frau kippt sich den Obstler vorne in die Hose.

Nachdem sich dieses Spiel fünf Mal wiederholt hat, fragt der Wirt die Frau des Bauern: „Hören Sie mal, gute Frau. Warum kippen Sie sich eigentlich den Obstler in die Hose?" Darauf die Frau: „Wenn sich mein Mann die Hucke vollsäuft, kann ich mir ja auch wohl einen hinter die Binde gießen!"

Kommt ein Blinder an die Bar und betastet erstmal das Gesicht des Barkeepers. Dieser ist ziemlich befremdet und meint dann: „Machen Sie das öfters?"

„Nee, eigentlich nicht. Aber eine Gegenfrage: Sind Sie hier der Barkeeper?"

„Ja schon."

„Okay, dann nur zur Info: Klopapier ist alle!"

Kommen zwei fremdländisch aussehende Männer in eine Bar. Der eine macht beim Eintreten das Licht aus, der andere wieder an. Der Wirt bemerkt das natürlich und fragt: „Was sollte denn die Aktion gerade?"

Erwidert einer der beiden: „Also da, wo wir herkommen, heißt das: Ein Helles und ein Dunkles, bitte!"

„Und das soll logisch sein?", wundert sich der Wirt.

„Wenn dich das schon stört, ist's gut, dass unser Freund heute nicht dabei ist und wir nur zu zweit sind. Unser Kumpel macht nämlich immer seine Hose auf und legt sein Ding auf die Theke, wenn er einen Kurzen bestellen will."

Kommt ein seltsam aussehender Mann in eine Bar, lehnt sich über die Theke und schaut den Barkeeper herausfordernd an: „Ich wette mit dir, dass ich dir und den Gästen das Verrückteste zeigen kann, was sie je gesehen haben!"

Meint der Barkeeper: „Na klar, was auch immer. Ich setze 50 Euro dagegen!"

Darauf der Mann: „Hand drauf und die Wette gilt!":

Kaum ausgesprochen, nimmt er ein 30 cm großes Männchen aus seiner Brusttasche, das über die Theke geht und sagt: „Grüß Gott, meine Damen und Herren, mein Name ist Johannes Mario Simmel. Sie kennen mich sicher, schließlich bin ich ein bekannter Schriftsteller!"

Die Gäste sind ganz verblüfft und der Barkeeper muss zugeben, dass er so etwas noch nie gesehen hat: „Okay, du hast gewonnen. Aber jetzt erzähl mir bloß: Wo hast du denn das Männchen her?"

Zeigt der Mann Richtung Norden: „Bei der alten Eiche im Park habe ich eine Lampe ausgebuddelt, wenn man an der reibt, kommt ein Geist heraus, der erfüllt einem genau einen Wunsch. Aber eben auch nur einen."

Der Barkeeper hört's und ohne dass der Gast noch was sagen kann, rennt er sofort hinaus, buddelt, findet und nimmt die Lampe und reibt daran. Kommt ein Tschinn heraus und sagt feierlich: „Du hast einen Wunsch frei, aber denke gut nach und wähle sorgfältig!"

Platzt dem Barkeeper heraus: „Ich will zehn Millionen und die in kleinen Scheinen!"

„Gewünscht und geschehen", sagt darauf der Geist. Und sofort liegen zehn kleine Ferkel am Boden, jedes mit einer Zitrone im Maul.

Der Barkeeper stutzt und rennt wutentbrannt zurück in die Kneipe: „„Das hättest du mir auch gleich sagen können! Dein Geist ist schwerhörig! Ich wünsche mir zehn Millionen in kleinen Scheinen und er gibt mir zehn Zitronen in kleinen Schweinen!"

Antwortet darauf der Mann: „Ich wollte dich noch warnen, aber du bist ja losgestürmt wie ein Irrer. Ja, glaubst du wirklich, ich hätte mir einen dreißig Zentimeter langen Simmel gewünscht?"

Drei Männer brüsten sich, wer der Beste im Bett sei.

Der Erste: „Ich hab gestern Nacht dreimal mit meiner Frau geschlafen und heute morgen hat sie mir ins Ohr geflüstert, dass ich der Tollste sei."

Der Zweite: „Ich habe letzte Nacht fünfmal mit meiner Frau geschlafen. Heute morgen hat sie mir zugestanden, dass ich der beste Liebhaber aller Zeiten sei."

Der Dritte: „Ich hab letzte Nacht einmal mit meiner Frau geschlafen."

„Was, nur einmal? Und was hat sie heute morgen gesagt?"

„Hör nicht aaaaauf!!!"

Zwei befreundete Paare feiern zusammen Weihnachten in einer Bar. Sie kommen ins Diskutieren. Sagt der eine Ehemann zum anderen: „Was meinst Du, wie viele Sorten von Brüsten gibt es?"

Der lacht und antwortet: „Es gibt drei Sorten Brüste: Mit 20 Jahren hat die Frau Brüste wie Melonen – rund und fest. Mit 30 bis 40 sind die Brüste wie Birnen, immer noch schön, aber ein wenig hängend. Ab 50 sind die Brüste wie Zwiebeln."

„Zwiebeln?"

„Ja, wenn Du sie siehst, bringen sie Dich zum Weinen!"

Die beiden Frauen schauen sich zunächst empört an. Dann fragt die eine:

„Was meinst Du, wie viele Sorten Penisse gibt es?"

Die Antwort: „Ein Mann geht durch drei Phasen: Mit 20 Jahren ist der Penis wie eine Eiche – stattlich und hart. Mit 30 bis 40 ist der Penis wie eine Birke, flexibel, aber zuverlässig. Ab 50 wird der Penis wie ein Weihnachtsbaum."

„Weihnachtsbaum?"

„Ja, tot von der Wurzel an und die Kugeln hängen dort nur noch zur Dekoration!"

Erwin trifft seinen Kumpel Heinz am Tresen und fragt ihn: „Watt schaust du denn so brummig"?

„Ich wollte gestern auf eine Ü-30 Party, aber man hat mich nicht reingelassen", schmollt Heinz.

„Wieso das denn?" fragt Erwin mitleidig.

Heinz zuckt mit den Schultern und seufzt: „Zwei Zentimeter zu kurz ..."

Ein Mann kommt mit einem völlig zerkratzten Gesicht zum Stammtisch und wird von den Kumpels gefragt, woher er das denn habe. „Das war meine Frau und alles nur, weil ich ‚Du' zu ihr gesagt habe."
Die Kollegen glauben das natürlich nicht, denn schließlich duzt ja bis auf Luis van Gaal jeder seine Frau. Also muss er nachlegen und erzählt, dass er mit seiner besseren Hälfte bei der Eheberatung war. „Dort hat sie erzählt, dass wir schon ein halbes Jahr keinen Sex mehr hatten und da habe ich nur gesagt: ‚Du.'"

     In der Bar.
     Er: „Wie heisst du?"
     Sie: „Petra, aber ich nenne mich gern Carmen, weil ich so auf Autos und Kerle stehe… Deswegen CAR und MEN. Und wie heißt du?"
     Er: „Kennst du die Biermösl Blosn?"

Ein Kellner bewirbt sich in einer Gaststätte und legt seine Zeugnisse vor. Aus denen geht hervor, dass er seine früheren Stellungen wegen Trunksucht, Kleptomanie und abartiger Umtriebe verloren hat.
»Das eine will ich Ihnen sagen,« meint der Wirt. »Hier wird weder geklaut noch gesoffen. So, und nun gib Küsschen und dann marsch an die Arbeit!«

Ebenfalls im Programm des Regionalia Verlages

ISBN 978-3-95540-121-4

ISBN 978-3-939722-40-3

ISBN 978-3-95540-123-8

ISBN 978-3-939722-80-9

jeweils 128 Seiten, Hardcover, € 4,95